经理人下午茶系列 20

与客户沟通

《哈佛管理前沿》
编辑组 编
《哈佛管理通讯》

山 风 译

商 务 印 书 馆
2012 年 · 北京

图书在版编目(CIP)数据

与客户沟通/《哈佛管理前沿》《哈佛管理通讯》编辑组编;山风译.—北京:商务印书馆,2010(2012.6重印)
(经理人下午茶系列)
ISBN 978-7-100-06608-2

Ⅰ.与… Ⅱ.①哈…②山… Ⅲ.企业管理:供销管理 Ⅳ.F274

中国版本图书馆CIP数据核字(2009)第036572号

与 客 户 沟 通

《哈佛管理前沿》《哈佛管理通讯》编辑组 编
山风 译

商 务 印 书 馆 出 版
(北京王府井大街36号 邮政编码 100710)
商 务 印 书 馆 发 行
北 京 瑞 古 冠 中 印 刷 厂 印 刷
ISBN 978-7-100-06608-2

2010年6月第1版 开本 710×1000 1/16
2012年6月北京第2次印刷 印张 12¾
定价:32.00元

致中国读者

哈佛商学院经管图书简体中文版的出版使我十分高兴。2003年冬天，中国出版界朋友的到访，给我留下十分深刻的印象。当时，我们谈了许多，我向他们全面介绍了哈佛商学院和哈佛商学院出版公司，也安排他们去了我们的课堂。从与他们的交谈中，我了解到中国出版集团旗下的商务印书馆，是一个历史悠久、使命感很强的出版机构。后来，我从我的母亲那里了解到更多的情况。她告诉我，商务印书馆很有名，她在中学、大学里念过的书，大多都是由商务印书馆出版的。联想到与中国出版界朋友们的交流，我对商务印书馆产生了由衷的敬意，并为后来我们达成合作协议、成为战略合作伙伴而深感自豪。

哈佛商学院是一所具有高度使命感的商学院，以培养杰出商界领袖为宗旨。作为哈佛商学院的四大部门之一，哈佛商学院出版公司延续着哈佛商学院的使命，致力于改善管理实践。迄今，我们已出版了大量具有突破性管理理念的图书，我们的许多作者都是世界著名的职业经理人和学者，这些图书在美国乃至全球都已产生了重大影响。我相信这些优秀的管理图书，通过商务印书馆的翻译出版，也会服务于中国的职业经理人和中国的管理实践。

20多年前，我结束了学生生涯，离开哈佛商学院的校园走向社会。哈佛商学院的出版物给了我很多知识和力量，对我的职业生涯产生过许多重要影响。我希望中国的读者也喜欢这些图书，并将从中获取的知识运用于自己的职业发展和管理实践。过去哈佛商学院的出版物曾给了我许多帮助，今天，作为哈佛商学院出版公司的首席执行官，我有一种更强烈的使命感，即出版更多更好的读物，以服务于包括中国读者在内的职业经理人。

在这么短的时间内，翻译出版这一系列图书，不是一件容易的事情。我对所有参与这项翻译出版工作的商务印书馆的工作人员，以及我们的译者，表示诚挚的谢意。没有他们的努力，这一切都是不可能的。

哈佛商学院出版公司总裁兼首席执行官

万季美

目录

CONTENTS

目录
CONTENTS

引　　言

你在领导客户服务团队吗？你是财务部或采购部的领导吗？你管理人力资源或公共关系部门吗？你在领导一条生产线或一个品牌吗？你在后勤部门或信息技术部门担任管理职务吗？无论你在公司的哪个部门工作，你都需要更好地了解公司的客户，这样才能为公司作出更有价值的贡献，同时提升自己的业绩。当你了解了客户的需求和偏好之后，你就能更有效地支持公司的整体工作，满足客户的需求，赢得客户对公司的忠诚，而这最终将为公司带来更大的经济效益。

如果你在销售、市场营销、客户服务或产品开发部门工作，那么你的日常工作显然要和公司的客户紧密联系。你很清楚自己要全面了解客户的需求，然后才能制定切实有效的销售策略，开展吸引目标客户群的营销活动，及时解决客户的问题，或者设计出能在市场竞争中独占鳌头的产品，并提供一流的服务。如果你在公司的其他部门工作，你的工作也许不会直接和客户发生联系，但是了解公司的客户对你来说也同样重要。因为只有了解客户，你才能产生创新思想来更好地满足客户的需求。例如：

- 一位供货经理知道客户希望供货速度比以往更快，于是她与新的分销渠道建立合作关系，以加速本公司的产品分销速度。
- 一位财务经理读到一篇文章，上面说客户对开错的发票极为不满，而且如果某公司的发票错误率增加，它的客户就容易转而选择其他公司。于是这位经理制定了一个新的工作流程，以减少开发票中的错误。
- 一位技术部经理发现，如果公司的网站导航简单快速，那么浏览公司网站的客户就会购买更多产品。于是她重新设计了公司的网站，使初次访问网站并希望购物的客户只提供一次姓名、住址和信用卡信息就可以顺利购物。
- 一位采购部经理知道公司的客户越来越关注产品的价格，于是他经过和供货商的谈判，获得了更有利的条件，这样公司节省成本之后可以降低产品的价格，使客户满意。

当全公司的管理人员都把了解客户需求并更好地为客户服务作为自己的责任时，他们就能为公司创造相当可观的收益。而最重要的就是：满意的客户会对公司保持忠诚，并向朋友和熟人宣传这家公司。客户的忠诚和好评能为你的公司节省大量开发新客户的成本，使公司的效益增加。对公司服务感到满意的客户也会选择并购买更多产品，从而增加公司的现金流和市场份额。同时,这些客户也可能会乐意参加公司的专题讨论和其他调查活动,帮助你们设计成功的产品并提供良好的服务。

了解公司的客户还能使你和客户之间进行双赢的沟通——无论是通过正式的市场推广营销活动还是非正式的电话或 e-mail 交流,都能达到良好的效果。这样的沟通也能帮助你找到造成缺陷的原因,保证初次购买公司产品的客户成为回头客,并进一步提高客户的忠诚度。

但是,虽然了解客户能带来上述种种可能的回报,但了解公司的客户也是很有挑战性的工作,而且现在正变得越来越困难。目前,新技术和新产品的开发已经改变了市场局面,很多公司都发现越来越难判断客户需要什么、他们的愿望和需求将在短期和长期内发生哪些变化,以及怎样才能保持他们的忠诚度。此外,在这个信息时代,权力的天平已经从公司向客户倾斜:利用互联网,普通购物者都能方便地浏览对竞争公司产品的评价,还能迅速比较各个公司的产品价格和功能。这就意味着:传统的浮夸型市场推广手段再也不能奏效了,今天的公司如果希望自己的产品、服务和工作流程能取悦并留住客户,就必须真正了解客户的需求。更加复杂的情况是:现在的公司还在承受越来越大的压力,需要有可靠的收益,但是消费者的行为和态度却比以往更加难以判断。

不过,了解客户需求也不是不可能的事情。本书中的文章将说明,最擅长吸引客户的管理人员正在寻找更有效的判断客户需求的新方法,其中包括观察正在使用公司产品或服务的人、分析客户购买产品的过程和利用网络收集特定客户群的信息。很多公司也越来越精于根据客户的盈利状况、是否愿意为公司宣传和其他关键特征来划分客户群。在对客户身份和客户需求有了新的理解之后,管理人员正在研究与客户沟通和进一步提升客户忠诚度的更好方法。

任何不了解客户的公司都不可能长期生存。作为管理人员,无论你的具体职位和工作是什么,你都应该用各种方法去支持公司了解客户的工作。本书中收集的文章就能帮你做到这一点。下面我们大略介绍一下本书将为你提供的工具、技巧和方法。

了解客户需求

了解客户的第一步就是要明白他们的需求——他们选择某种产品或服务是希望获得哪些收益,以及他们选择你们公司希望得到什么结果。所以公司要解决的最至关重要的问题就是:客户究竟想要什么?这部分中的文章就介绍了各家公司为此采用的各种有效的新方法。

这个部分的第一篇文章是商务作家克里斯滕·B.多纳休(Kristen B. Donahue)的“面向客户”,她在文中评价了众多专家提供的了解客户需求的方法和建议。你想知道对你公司的客户来说什么最重要吗?你可以考虑咨询趋势发展顾问,预测在不久的将来客户最关心的焦点。你还可以在自然的环境里观察客户使用你公司和其他公司产品的情况,据此来判断客户对你们产品的感觉、他们在使用过程中遇到的困难和促使他们购买这个产品的原因。你还可以请网上客户提出改进你公司产品的建议。

在“让客户创造案例”一文中,商务顾问杰拉尔德·博斯特尔(Gerald Berstell)和德波尔大学教授丹尼丝·尼特豪斯(Denise Nitlerhouse)说明了怎样收集和分析客户购买信息,并据此深入了解人们希望公司的产品具有哪些功能。利用这些作者所说的“客户案例研究方法”,你就可以追溯是哪些情况、想法和经验促使人们花钱购买能帮助他们解决实际生活问题的产品。

收集客户案例需要进行深入的调查访问、观察客户行为并分析客户档案(包括购物清单、店铺档案和细化产品目录)。通过分析这些材料,你就能为公司创造新的机会来吸引客户。例如,一家汽车轮胎制造商发现很多人购买新轮胎不是因为旧轮胎爆了,而是为了降低轮胎与路面摩擦产生的噪音,以便更好地欣赏新安装的高级汽车立体声音响。结果呢？这家公司发现了商机，开发生产了低噪音轮胎，来满足这个意外出现的客户需求。

在“百思买管理层的一线课程”中，商业作家劳伦·凯勒·约翰逊(Lauren Keller Johson)讲述了一家巨型零售公司怎样利用另外一种有价值的信息资源判断客户的需求。百思买的公司领导意识到：工作在一线的员工和经理最适于提出富有创造性的为客户服务的新思路。为了利用这个优势，公司开展了一个“反向培训”活动，来支持广为人知的“客户中心”政策。

在这项活动中，公司的领导在百思买旗下的商店里观察普通经理和雇员的工作，并思考如何更好地改善商店对客户的服务。例如，一位领导观察了一家业绩很好的商店，然后决定：更加灵活的工作时间安排将能更好地利用员工的专业技能，由此为商店的顾客提供更优质的服务。通过为个人情况不同的员工提供更多工作时间的选择方案，公司留住了满足客户需要所必需的高素质员工。

这个部分的最后一篇文章是商务作家吉姆·比林顿(Jim Billington)的“调查消费者真实意向的四个要点”。比林顿提供了更多了解客户需求的实用技巧，包括考虑目标客户购买某些具体产品的条件和环境。例如，一家食品公司发现，当男性顾客购买打扑克时吃的小饼干时，他们经常到便利店去买几种价格很高的品牌饼干。但是当为家人进行每周一次的采购时，很多男人却喜欢到便宜的商店去买大包装的饼干，而且希望尽快买完就走。为了满足这两种情况中产生的不同需求，这家食品公司制定了两个策略：把价格较高、包装较小的饼干放在便利店里出售，而把大包装的饼干放在百货店的货架前侧，让匆忙经过的男性客户能够一眼就清楚地看到。比林顿说："虽然要吸引的是同一客户群，但是这两种购物情况截然不同。"

划分客户群

通过了解客户的不同需求，你可以划分不同的客户群，也就是拥有不同需求的客户群体，你应该用不同的产品、服务和工作满足他们的需求。这部分的文章讨论了怎样根据不同的具体标准来判断划分客户群，以及怎样利用技术进一步细化客户群。

这部分的第一篇文章是"倾听客户的声音"，作者是贝恩公司全球战略专家詹姆斯·艾伦(James Allen)、贝恩(Bain)公司退休荣誉主管弗雷德里克·赖克哈尔德(Frederick Reichheld)和贝恩公司的合伙人巴尼·汉密尔顿(Barney Hamilton)。这几位作者建议根据客户的创造利润率(客户为公司带来的收益减去为客户服务的成本)和宣传率对客户进行分组。这样做的最终目的是什么呢?是为了通过提供满足不同客户群需求的产品和服务,把更多客户转变为高收益、高宣传率的群体。

在"怎样防止客户产生厌倦感"一文中,哈佛商学院出版社的主编克里斯滕·D.桑德伯格(Kristen D. Sandberg)讨论了怎样判断客户是否有可能促进企业跨越不同产品和服务功能的发展,并根据客户的这种潜力划分客户群。例如,一个金融服务公司可能会把自己的客户分为以下各类:"投资缩减的流动人员,他们接受了收入较低但更有成就感的工作;要在经济上照顾父母的流动人员;为孩子的教育存钱的父母;准备买房的单身女性。"

为了满足这些不同的客户群体,这家金融服务公司可以为每个群体指派一组业务代表,培训这些代表向自己负责的客户群推销公司相关的服务项目,而不是让每个代表负责一个服务项目,然后去向所有客户推销这个项目。通过这种方法,公司"对客户的需求和喜好有了更丰富的认识,也更细致地理解了与竞争对手的产品相比,自己的产品怎样才能更好地适应客户的生活方式和变化的生活环境"。

在"你真的会利用客户资料吗?"一文中,商业作家琼·艾尔斯(Jean Ayers)介绍了市场策划推广专家对客户分组的另外一些理解。例如，哈佛商学院教授杰拉尔德·萨特曼(Gerald Zaltman)通过一对一的访谈和其他方法来了解不同消费者对同一品牌或产品的不同观点、感受和潜意识的态度。通过了解不同消费群体对一种产品的特有的认识和联想，公司就可以开展有针对性的营销活动，并提供个性化产品，强化消费者对产品的感情。举例来说，通用汽车公司发现一些美国消费者会把购买通用汽车的产品和爱国主义联系在一起：他们认为，购买通用汽车公司的产品，"自己不仅帮助保证同胞的就业机会，而且还从更大的意义上对祖国尽了一份义务"。理解了这一点之后，通用汽车公司就可以开展专门激发这个消费群体爱国主义情感的营销活动。

这部分的最后一篇文章是"网上客户调查"，解释了怎样利用网络来收集关于具体客户群的信息。例如，一家制药公司就"发现网络对于跟踪了解患无名小病的患者的情况很有价值，而公司正在开发针对这些患者的新药"。这篇文章也谈到了这种方法的问题，其中包括需要提高人们回答网上调查问题的积极性，以及当某些人群(如老年人和农村人口)的意见在网上调查中体现较少时带来的偏差。

与客户交流

一旦你更好地理解了客户的需求并且根据客户各自的具体情况把他们分为不同的客户群后,你就可以通过多种渠道和方法更有效地与客户沟通了。这部分的文章就为你介绍了各种切实可行的沟通方法和技巧。

例如,在“瞄准客户的真实需求”一文中,商业作家道格拉斯·史密斯(Douglas Smith)讲解了怎样调整与客户的交流,以满足客户的三种内在心理需求。这三种需求是:能力——知识或能力的增长,自主权——不是由于压力或劝诱而采取行动,归属感——感觉真正被关心。史密斯提供了一些方法,帮助读者在与客户沟通的同时满足上述需求。虽然这些方法建议主要适用于正式的销售推广,但你也可以把这些原则应用在其他情况的沟通交流中。例如,为了帮助客户提高能力,你可以尽快把自己要表达的要点提炼出来。为了保证客户的自主权,你可以把客户当做你的邻居来与之交流。而为了营造客户与你的企业息息相关的感觉,你要认识客户的需求,并使用客户的方式与他们沟通。

在“你能真正和客户沟通吗?”一文中,商业作家理查德·比尔克(Richard Bierck)介绍了怎样更有效地向客户传达信息——不仅要通过公司的正式沟通渠道传递信息,而且要从公司对产品和服务的选择中体现出来。比尔克认为:"很多沟通交流问题都源于市场营销人员幼稚地认为沟通对象是和自己完全一样的人。例如,很多零售商都会忽略国籍、语言、民族和年龄差别等问题。"比尔克举了一个例子:在南佛罗里达州居住着大批西班牙裔居民,可是那里的一家连锁餐厅里却没有西班牙语的菜单。还有一个例子:在华盛顿特区有一家连锁百货店的顾客全都是黑人,店里却有几百种适合白人的商品。

下一篇文章"与客户沟通"补充提供了有效沟通的指导方法,包括判断何时应该与某个客户建立长期的关系,何时应该交叉销售自己的产品或服务。这篇文章还提供了在与客户沟通时建立人际交往感情的策略。事实证明,像一个微笑这么简单的事情就能极大地影响你与客户沟通的效果。例如,一次调查研究发现,平均来说,用开朗笑容迎接顾客的鸡尾酒侍者得到的小费要比那些只略微露出一点笑容的侍者得到的多两倍。

这部分的最后一篇文章是哈佛商学院副教授弗朗西丝·弗赖(Frances Frei)的"胡萝卜和大棒之外——影响客户行为的新方法"。弗赖认为:你可以利用社会规范和同等人群比较的压力来影响客户,使客户采取对公司有利的行为方式。例如，美国捷蓝航空公司(JetBlue)的员工请乘客在下飞机之前打扫干净自己的座位区域，借此缩短了清洁机舱的时间，加快了飞机登机循环的速度。航空公司的员工告诉乘客，他们的支持能帮助公司保持较低的票价。弗赖说："客户对此积极响应。即使那些本来并不特别热心帮忙的人也不愿意拖别人的后腿。"

提升客户忠诚度

与公司的客户建立良好关系的一个重要益处就是：这样的关系能提升客户对公司的忠诚度。本书这部分的文章详细讨论了关于客户忠诚度的问题，包括：为什么客户忠诚度很重要，怎样衡量和提升客户忠诚度。

这部分的第一篇文章是商业顾问尤塔·沃纳(Uta Werner)的"你知道客户对你的真正价值吗?"。沃纳在文中提出了计算忠诚客户终身价值的三步方法。首先，明确这个客户最初的"主要"购买情况以及随后购买的产品或服务。第二步，算出购买产品带来的利润，其中要考虑到实价、资金利用成本等因素。第三步，制作时间表，显示这个客户在一生中为公司带来的收益，减去资本支出。如果得出的结果是正值，就说明这个客户为你的公司创造了价值。

当然，赢得忠诚客户的关键就在于把初次购买公司产品的客户变为重复购买的常客。企业顾问吉尔·格里芬(Jill Griffin)在“听吉尔·格里芬讲关于客户忠诚度的五个问题”一文中提供了一些方法和技巧，帮助公司把新客户培养成忠诚客户。格里芬认为，公司在刚刚赢得一个新客户的时候是最容易被客户找出问题的。为什么呢？因为初次与公司做生意的客户都是尝试者，他们需要验证自己选择这家公司产品的决定是明智正确的。所以如果他们在这时候遇到任何售后服务的问题(产品少零件、服务速度慢等)，他们就会后悔选择了这家公司，以后也不太可能再和这家公司做生意了。

所以格里芬就提供了一些在客户初次购买之后培养客户忠诚度的方法。例如，协调所有相关的接触点(订单接收、结账、报表、售后服务等)，以保证客户享受到顺畅的服务过程。经常通过售后联系来评估客户的满意度，但是要注意每次联系客户都要使客户感到获得了附加价值，而不是受到了骚扰。例如，一家汽车公司的销售人员向新客户寄去了感谢函，内附一篇关于驾驶安全的文章，注明：“您也许会对这篇文章感兴趣”。

在“留住最好客户的五个关键”中，吉姆·比林顿补充了一些增强客户忠诚度的建议，其中包括分析客户流失的原因。例如,成立"失败分析小组",由高级管理人员担任组长,每名组员负责访问 10 至 25 位流失的客户。失败分析小组采用经典的"五个为什么"系列问题来挖掘客户流失的根本原因。提问:"您为什么不再购买我们的产品?"回答:"从你们的竞争对手那里购买更合算。"提问:"为什么从他们那里购买更合算?"等等。比林顿注意到,客户经常在刚开始把价格作为他们另选别家的理由,但是通过问"五个为什么",你很可能会发现其他不满(例如服务质量差)才是更重要的原因。了解这些原因之后,你就能想办法消除客户的不满,从而留住客户了。

这部分的下一篇文章"客户关系管理速成班"给我们上了客户关系管理的基础一课,介绍方法,帮助公司判断核心客户并将其分类,以双方互惠的方式与客户沟通,并根据不同客户群的要求提供有针对性的产品和服务。这篇文章讲解了客户管理的好处,并介绍了帮助企业与上百万客户建立关系的各种技术方法(例如客户数据库、网站、客户定制产品电脑管理等)。根据这篇文章的观点,如果公司的不同客户群的需求和价值各不相同,那么客户关系管理就能为公司带来最大的收益。

在这部分的最后一篇文章"以客户为中心的真正含义是什么——七个重要思想"中,商务作家戴维·斯托弗提供了另外一些提升客户忠诚度的方法技巧。例如，斯托弗认为，企业中的每个员工——不光包括直接面对客户的一线员工——都必须学会从客户的角度，而不是企业的角度去考虑问题。这种对外关注能提高客户对产品和服务质量的评价，并进一步提高他们对企业的忠诚度。例如，假设一个医院的停车场管理员为一个坐轮椅的病人指路，告诉他怎样到达两个街区以外的医院。在这种情况下，病人就可能更信赖这家医院。虽然很多人会认为停车管理员算不上医疗行业里的一线员工，但他却发挥了他的作用。

显而易见，了解公司的客户需要付出辛苦和努力，但是无论你身任何职，你都会发现这样的努力是绝对值得的。所以，请你在阅读这部分的文章之后，就开始应用学到的新知识，考虑下列问题：

- 你可以采取哪些措施来加深自己对客户需求的理解？例如，你是否可以开展一个实地调查项目，来观察客户对某些产品或服务的使用情况？如果你所在的部门或单位一般不会开展类似活动，公司里是否有其他管理人员可能会进行这方面的工作？如果有，你怎样才能了解他们调查工作的结果？通过研究这些结果，你自己的工作团队可以怎样帮助公司为客户提供更好的服务？

- 你的公司是按照什么标准将客户分类分组的？如

果你现在还不知道，你可以从公司的什么人那里了解到相关情况？你公司里各部门的管理人员为满足不同客户的特别需求做了哪些工作？你和你的工作团队怎样才能更好地满足客户的不同需求？

- 你一般在什么情况下和公司的客户交流？请你考虑一下，除了面对面交谈、打电话和发送电子邮件以外，是否还有其他的沟通交流渠道？例如，你们编写的产品使用手册、寄给客户的发票或你们部门设计的店内商品陈列，这些都是沟通渠道，都能将信息传递给你们的客户。在你与客户的沟通交流中，你在多大程度上认识并满足了他们的需求？你怎样才能让这些沟通获得更好的效果？

- 你们的客户对公司的忠诚度有多高？你和你的团队能采取哪些措施来提升客户的忠诚度？请你考虑一下相关策略，例如协调与客户的接触点，为客户提供完善的产品和服务，查明造成客户不满的原因并加以解决，以及学习利用客户关系管理技巧等。

第一部分

了解客户需求

理解客户要从了解他们的需求开始，也就是要知道客户选择某种产品或服务是为了从中获得什么利益，他们希望你们的公司能为他们带来什么好处。这部分的文章为我们介绍了一些行之有效的新方法，来帮助企业回答这个最关键的问题：我们的客户到底需要什么？

以下的文章帮你收集了解客户想法的各种建议，包括观察客户使用产品或接受服务时的反应，分析客户决定购买某种产品的心理过程，以及请求与客户直接接触的一线管理人员和员工提供意见等。

1. 面向客户 ……

克里斯滕·B. 多纳休

Kristen B.Donahue

1. 面向客户

克里斯滕·B. 多纳休

今天的客户是市场营销中的一个谜。我们很难知道他们需要什么，他们会购买什么，就更别提怎样才能说服他们购买我们的产品了。现在有无限资源向消费者提供免费信息，这就意味着决定市场的力量天平已经偏向了消费者那一边，你再也别想凭着传统的神乎其神的夸大宣传来推销产品了。

同时，利润又重新成为了具有决定意义的理由：人们比以往更强烈地希望管理人员能够提供目标明确、行之有效的市场策略，从而推出具有更强竞争力的产品和服务。

那么，你怎么才能确定自己不是在浪费可贵的产品开发和市场推广资金呢？你应该竭尽全力、想尽办法去掌握你希望进入的市场的脉搏，才能保证投入的资金得到了有效利用。这就要求你能够了解整个社会和你所关注的目标人群的发展趋势，并且能够适应不断变化的社会文化需求。幸运的是，你不需要通神的能力也能获得这方面的知识。下面，我们就一起来看一看怎样才能了解客户的关注点，怎样才能让他们接受你的信息并作出反应。

预测未来：看趋势

想象一个水晶球，它能让你看到即将到来的事物，尤其是，能告诉你消费者关心的是什么。有了这个水晶球，企业就能设计提供满足客户需求的产品和服务。现在有一大堆咨询顾问都跳出来说自己就是那个水晶球，他们为你指出很多大趋势，并且在收取高额费用之后帮助行业领先的企业判断自己的产品设计思路是否“符合潮流”。其中一个最知名的趋势预测者就是费丝·波普康（Faith Popcorn），她的畅销书《爆米花报告》（*The Popcorn Report*）描述了16种正在影响整个世界的社会生活发展趋势，其中包括：茧居族（“将自己同残酷而难以预料的外部现实世界分隔开，以此来保护自己”）；治安维持族（“在消费过程中受挫并经常因此感到愤怒的消费者通过压力、抗议和政策来操控市场”）；梦幻历险族（“现代生活激起了我们对未知之路的探险欲望”）。波普康在新书《夏娃革命》（*EVEolution*）中又补充了一种新的消费趋势：“女性的思考行为方式……正在影响整个商业，使市场消费模式从等级型向关系型转变”。波普康在这里举例说明自己是怎样利用这个趋势满足女性消费者的需求，并从中获利：她的咨询公司的网页上做广告的“费丝·波普康茧居家庭办公系列”就是一套专为女性设计的家具，它有能抬起升高以供女性盘腿工作的桌面，餐具柜上还配有一体的花瓶。另一家趋势预测公司爱康文化（Iconoculture）则在其出版的《未来与过去不同》（*The Future Ain't What It Used to Be*）一书中提出了他们预测的40个文化发展趋势。在描述这些趋势之余，爱康文化还根据这些趋势预测了很多可能出现的机会，鼓励读者在自己的事业、商业和品牌发展中关注这些领域。

虽然波普康、爱康文化等公司作出的趋势预测似乎只是对旧有常识的创新解释，但这些解释确实能为我们提供一个有用的框架，帮助我们设法使自己的产品和服务融入客户的生活。我们可以用这些趋势作为指导，然后决定应该开发哪类产品，怎样向消费者推销这些产品。

把自己当做客户

请注意，这不是一节禅宗体验课，而是要投入实战，去亲身体验客户的需求——去体验他们使用你们公司或竞争对手产品的过程。客户感觉如何？客户需要产品的哪些功能？哪些因素会促使他们购买某种产品？刚开始，你可以通过对模拟环境中的焦点团体（Focus Group）进行正式访谈来缩小答案的范围，但是只有在真实自然的环境中观察客户对产品的反应才能帮助你了解到客户真正的需求。

焦点团体访谈有作用吗?

焦点团体访谈的研究方法最初起源于第二次世界大战期间,当时一组社会学家让小群市民观看军事宣传片,然后询问观众的反应和看法。很快,这种深入的团体访谈方法在市场营销中的作用就显现出来,从此,调查小群消费者的需求和观点就成为了市场调查研究的常用方法。

霍利·埃德蒙兹(Holly Edmunds)在《焦点团体调查手册》(*The Focus Research Handbook*)中写道:"焦点团体受试者针对集中的调查主题提供一系列反应和观点",但不是对具体问题提供可量化的答案。因此,通过这种调查,我们能够了解目标对象的观点、感受和动机,而这种结果是电话和邮件调查等量化调查无法获得的。

埃德蒙兹还说:在你希望评价一个新概念或新想法时,焦点团体访谈的作用最明显,"让消费者……直接看到你的想法,就能获得最有效的评价。"例如,一家广告公司希望测试一个新的广告创意,看看这条广告是否能将信息清晰地传达给消费者,是否能促使消费者购买这种产品。于是广告公司就把广告先给一些消费者看,观察他们的反应,询问他们的看法,由此得到对广告的评价。

焦点团体访谈的另一个常见作用就是检测产品的概念思路。调查对象根据产品的具体描述或原型提供意见和反馈，开发人员就可以按照观察到的结果改进产品设计——或者，如果调查对象不接受这个产品的设计思路，开发人员就要重新设计。

但是，焦点团体访谈方法也有风险。因为这是定性的研究，也就是说这种研究的结果无法对应具体的百分比或统计数据，所以焦点团体访谈的结果只能反映一小部分市场的情况，不能适用于全部消费者。因此，在很多情况中，焦点团体访谈就无法发挥作用了。例如，这种方法不能用来为产品或服务定价，也不能作为最终决策的依据。

那么结论是什么呢？我们必须有区别地使用焦点团体访谈方法。你需要先明确自己期望得到的结果类型，然后才能决定是否进行焦点团体访谈。埃德蒙兹提醒说："我们应该把焦点团体当做'温度计'，来测量消费者对调查主题的反应'温度'。这只能作为决定过程中的一个考虑方面，而不能成为决策的最终依据。"

在《快速公司》(*Fast Company*)杂志最近的一篇文章中，雷卡·巴卢(Rekha Balu)介绍了一家知名的滑雪板公司"博顿滑雪板公司"(Burton Snowboards)的做法：他们和一组重要用户保持着持续的联络，不断了解博顿的产品是

否能满足用户的需求。博顿公司联络的是大约300名专业滑雪运动员，其中有些属于博顿的专业滑雪队。"公司员工几乎每天都会和这些运动员交流，有时在滑雪场上，有时打电话。如果有人提出了建议或遇到了问题，博顿的员工会在24小时之内作出反馈。有时候，公司会先满足这300名运动员的需求，然后才去照顾零售商或其他客户。"巴卢还介绍说：为了保证产品既能符合这些专业运动员的要求，又能满足业余滑雪者的需要，博顿公司每周末都派员工到滑雪场去，向滑雪者示范滑雪设备的用法，同时观察他们的使用情况："公司的员工代表不是在写字板上写写画画或分发50个问题的调查问卷，而是实地倾听滑雪者的意见，观察产品的使用情况，发现产品的优缺点。"巴卢说，在过去的5年中，博顿公司的市场份额从30%上升到了40%。

在网上获得消费者的真实反馈

许可式营销专家尼克·厄斯本(Nick Usborne)在一篇网上文章中写道：网上的消费者反馈远远不止公司主页上的那个"反馈"按键。因此，他建议：为了建立与消费者的长期联系，公司可以实行"网上顾问委员会"(VAB)制度。这能为公司提供一个机会，"邀请访问网页和购买产品的顾客真正参与你们网上业务的开展和改善”。厄斯本建议我们在公司主页中专门开辟一个区域，让网上顾问委员会成员提供反馈意见。公司应该通过可行的途径了解客户希望购买哪些产品、需要公司作出哪些改进或获得哪些信息，以及如何改进网站，以便于消费者使用等。公司也可以采取一些鼓励措施，例如在采纳消费者建议后安排他们与公司总裁面谈或向他们提供专门折扣等。

厄斯本写道：一切都取决于你与客户的关系，建立联系之后，“你可以获得关于产品质量、客户反映和销售情况等各方面的信息”，同时还保留了“一组核心客户，他们将一路支持你的公司，因为他们知道并且感觉自己在这个公司的成长中发挥着作用”。此外，网上顾问委员会的成员还很有可能成为你们产品最有力的宣传者，厄斯本说：“一旦你拥有了这些人热情洋溢的支持和帮助，他们就一定会帮你宣传产品。毕竟，因为他们自己已经参与其中，他们就会希望其他人看到自己参与开发改进的产品。”

口口相传的市场推广宣传活动成功与否，
不取决于有多少人收到宣传信息，
而取决于传播和接收信息的是什么人。

寻找合适的口头宣传者

马尔科姆·格拉德威尔(Malcolm Gladwell)在著作《引爆流行——细节带来大变化》(*The Tipping Point: How Little Things Can Make a Big Difference*)中写道:"即使在现在这个充斥着大量传媒和高成本广告宣传的时代,口口相传仍然是最重要的人类交流手段。"格拉德威尔认为,口口相传的宣传活动成功与否,不取决于有多少人收到了宣传信息,而取决于传播和接收信息的是什么人。他总结出来的对社会流行宣传起关键作用的三类人是:联络人,业余行家,推销人员。

"联络人"指"非常善于交朋友和建立关系的人"。例如,保罗·里维尔(Paul Revere)就是这样一个联络人,他从波士顿到莱克星顿的"午夜飞驰"唤醒了一大批美国人,使他们做好迎击英国军队的准备,打响了美国独立革命的第一枪。但是那天夜里,还有一个人和里维尔一起出去通知大家,这就是威廉·道斯(William Dawes)。他虽然也骑马跑了那段路,可是却没能像里维尔那样激起人们同样的反应。之所以类似的行为造成不同的结果,就因为他们所认识和通知的人不一样:里维尔通知的是具有影响力的居民领袖,而且他本身也深受大家尊敬。

"业余行家"对市场活动有着非同寻常的兴趣和了

解，同时也愿意与他人分享自己掌握的信息。格拉德威尔在书中写道：业余行家具有的知识和社交技能足以发动口口相传的热评。这些营销行家与其他人的不同之处"不在于他们知道多少，而在于他们分享信息的动机和方式。他们愿意向别人提供帮助的唯一原因就是因为他们乐于分享，这是吸引公众注意力的一个极其有效的方法。"格拉德威尔举了一个例子：查格餐馆指南(Zagat restaurant guides)深受欢迎，就因为其中刊登的都是消费者撰写的评论文章。"这本指南的真正优势在于：这里的文章都是那些愿意分享自己经历和感受的食客们主动提供的。从某个意义来说，这种推荐比那些专门为餐馆打分的职业专家的意见还要有说服力。"

格拉德威尔写道：业余行家就是信息传播者。他们的作用是分享自己了解的信息，而不是说服消费者。但是，要想达到口口相传的宣传效果，就必须说服人们去这样做。这时候第三类人就上场了：推销人员。他们的任务就是说服那些还不相信自己所见所闻的消费者。推销人员依靠外在的说服力、号召力，同时还利用隐含的微妙信号，去说服人们相信自己听到的宣传是真实可信、可以作为依据的。

我们可以很有把握地说：吸引消费者的注意力将一直是个挑战。所以，你一定要时刻关注客户的言行举止，并紧紧抓住可以利用的文化发展潮流。如果知道怎样了解客户纷繁复杂的心理，你一定会受益匪浅。

参考阅读

The Future Ain't What It Used to Be by Iconoculture, Inc. (Mary Meehan Larry Samuel, and Vickie Abrahamson) (1998, Riverhead Books)

EVEolution by Faith Popcorn (2000, Hyperion)

"*Listen up!*" by Rekha Balu (*Fast Company*, Issue 34, May 2000)

The Popcorn Report by Faith Popcorn (1992, Harperbusiness)

The Tipping Point: How Little Things Can Make a Difference by Malcolm Gladwell (2000, Little, Brown)

2. 让客户创造案例 ……

杰拉尔德·博斯特尔

丹尼丝·尼特豪斯

Gerald Berstell and

Denise Nitterhousr

2. 让客户创造案例

杰拉尔德·博斯特尔　丹尼丝·尼特豪斯

“问题解决”理论认为，如果某种产品能和具体情况相联系，能够帮助客户解决他们需要处理的某个问题，那么这种产品就是成功的……

因此，通过找出人们真正关心的是哪些问题并设计能帮助人们解决这些问题的产品，企业就能开发出新市场，这样的市场是企业之前没有认识到，而且也无法通过传统的市场调查方法发现的。

——见《远见——利用创新方法预测行业变化》

如果像上文所说，“传统的市场调查”无法判断潜在客户希望借助你们的产品解决哪些问题，那么什么样的调查方法才能有效呢？

我们的研究表明，通过对消费者购买产品后的具体感受体验进行收集和分析，我们就能深入了解消费者的购买动机，而这种方法创造的价值要比传统调查或焦点团体方法创造的价值高得多。为了了解客户购买某种产品的真实动机，我们采用一种叫做客户案例研究(CCR)的方法,跟踪调查客户购买产品的情况、想法和使用体验,了解产品怎样帮助客户解决实际生活中的问题。

客户案例研究员不是收集整理数据的调查员,不是征求消费者意见和反馈的仲裁员,也不是观察人们使用产品过程的研究员。事实上,他们的工作就像追踪采访记者或侦探那样,要跟踪某个具体案例的全过程,也就是说,跟踪某位消费者购买使用某种产品的全过程。

目前已有很多企业为了改进现有产品的性能而进行了客户案例研究。这种研究结果能帮助企业管理者详细具体地了解人们真正希望产品能解决哪些问题,这些问题又出现在什么情况下。客户案例研究提供的鲜活的客户情境不仅能帮助企业重塑改进现有产品,而且还能开发新的产品。即使研究的初始目标中不包括开发新产品,但几乎所有的客户案例研究项目都会带来这样的额外收获。

客户案例调查过程

客户案例研究员要对消费者进行访谈,了解促使他们购买某种产品或服务的情况、事件、人员、体验、行动和想法。研究提出的第一个问题是:“你能告诉我当时促使你想到购买这个产品的情况吗?"研究人员应该鼓励参与调查的消费者用自己的语言讲述自己的经历,而决不能强迫参与者从给出的几个答案中进行选择。

这样的访谈应该按照消费者经历的时间顺序进行——是什么情况最初激发了购买产品的想法?那之后发生的事件、经历和想法,直到最后决定购买产品的过程都在访谈之列。多数市场调研都会把产品作为调查的中心,而客户案例研究却与众不同,它关注的是消费者本身和他们的体验。所以,这种研究调查没有重点话题,而是让消费者的讲述自然体现出其中的重点。

客户和产品之间发生互动最多的就是购买环节。

研究人员的案例研究材料包括:与客户的深入访谈、对客户的观察,以及对购物清单、消费记录或订阅目录等客户材料的收集分析。在调查客户购买某产品的全过程时,研究人员经常会在很多阶段中发现出人意料的情况。他们需要探索在实际选择限制、时间压力、甚至职业压力等情况下促使客户作出购买决策的种种动力。研究人员应该不断挖掘消费过程的全部细节,直到他们感觉自己完全掌握了引导并最终促使客户作出决定的所有因素为止。

客户使用产品的方法是否出乎你们的预料？如果是，这就意味着你们的产品与市场之间存在差距。

客户案例研究往往能获得丰厚的回报，因为客户和产品之间发生互动最多的就是购买环节。通常来说，和购买之后的使用过程相比，人们在挑选产品的时候会更加关注现实情况和需要解决的问题。事实上，对于诸如家庭按揭、人寿保险和礼品等很多产品来说，多数人只有在挑选购买的过程中才会积极关注产品。

选择参与者

客户案例研究选择参与者的依据是：他们是否有可能揭示多种不同的促成购买行为的情况和需要解决的问题。下列人群的购买经历往往最有价值：

- 经常更换卖家的消费者：即使没有不同价格的问题，这类消费者也会经常变换不同的商店购物。这些消费者总能找出未能满意解决的问题，所以与那些满足于目前产品的消费者不同，经常变化的消费者会为我们指出更多未来产品需求的发展方向。

- 购买方式多样的消费者：这些消费者会从不同的渠道购买同一个产品。以往，市场研究人员通常尽量把每个消费者归入一类消费模式，但是实际上，一个消费者很可能会为了满足不同的需要而以不同的方式购买同一个产品。
- 新发展的客户：新发展的客户指最近开始购买某种产品或明显增加购买量的消费者。通过对这类消费者的变化进行案例研究，我们就能发现刺激消费增长机会的新的市场需求。

在进行企业之间的案例研究时，销售人员和企业的数据库能够根据上述特征直接选定研究对象。而对消费者持续性的案例研究则可以通过消费者的登记信息来选定研究对象。零售商可以统计商店里的销售情况，而整体打包产品的生产企业则经常需要到产品出售或被使用的地方去寻找研究对象。

案例研究人员会不断调查探索，直到无法再发现与产品相关的新购买动机和隐藏的情况为止。客户产品案例研究一般只要研究100个左右或以下的案例就可以总结出相当全面的购买动机，而很少有遗漏。公

司之间业务的研究一般只要调查 25 家客户，以及他们在不同场所、为不同目的和部门进行的 100 次购买行为就可以了。有些卓有成效的客户案例研究项目甚至只通过不到 10 个案例就获得了丰厚的成果。通过案例研究发现消费情况和动机后，我们可以利用量化研究方法来衡量其重要性。

虽然观察式调查能显示人们使用各类产品的情况，但是却很难揭示最初形成消费所必需的条件。

分析案例

在进行案例分析时，我们应该注意发现下列信号，因为它们预示着新的解决问题的机会。

令人惊讶的出发点

消费者讲述的购买经历通常都是从激发购买需要的情况开始的。那么，客户开始想到购买产品的情况是不是你没有预料到的呢？曾经有一个针对备胎产品的研究项目，在收集到的 100 多个案例中，只有极少的几例是因为轮胎漏气而想到购买备胎。在更多的情况中，都是客户新近购置了高级汽车立体声音响或车载电话，突然意识到轮胎与路面摩擦的噪音会影响到这些新设备的收听效果，才产生了购买新轮胎的想法。最初委托开展调查的轮胎制造公司这才发现，原来他们需要帮助消费者解决的问题是：根据新车载设备对音响环境的要求改进轮胎质量，减小摩擦噪音。

意外的产品用途

客户使用产品的方法是否出乎你们的预料？如果是，这就意味着你们的产品与市场之间存在差距，而这种差距恰恰创造了机会。如果客户对产品的使用方法与你们预期的不同，你们就应该对现有产品重新定位，如果客户对现有的产品功能不满意，你们就应该开发能更好满足客户需求的新产品。

这里有一个例子：现在，我们对在办公室使用微波炉已经司空见惯，而从20世纪80年代开始各种微波加热的快餐也开始充斥市场，可是，那时相关的食品生产企业却迟迟没有发现办公室微波炉使用激增给他们带来的商机。而帮助他们发现这个空白领域的一个方法就是客户案例研究。这次研究的产品是：为了代替单调传统的速冻快餐，食品公司开发了一种新鲜美味、方便在家快速加热的晚餐。可是调查人员却发现，最初购买这种冷冻饭菜的消费者并不是在家食用，而是带到办公室去作为午餐，因为和传统的工作午餐相比，这种微波快餐更快捷健康，而且也更加便宜。

这些消费案例极其清楚地显示了人们对优质美味的工作午餐的需要，以及微波炉进入办公室带来的新选择。

未曾预见的购买障碍

人们在购买你们的产品时是不是遇到了你没有想到的问题？他们在哪个环节遇到了障碍？通过跟踪这些购买的过程，你经常可以发现人们在面对设计功能并不完全满足自己需要的产品时，必须进行怎样艰难的平衡选择。通过这样的追踪，研究人员不仅能明确促使消费者产生购买愿望的情况，也能发现他们购买过程中出现的问题。对这些问题的研究往往能启发企业开发创新的发行、定价和营销策略，为企业提供新的市场机会。

例如，某家公司推出了一种新型多媒体企业培训系统，可是在投放市场的前 9 个月里，只有 6 个顾客感兴趣。购买这个系统的顾客需要花 40 000 美元租用一年课程软件，还要花 3 000 美元购买运行课件所需的硬件设备。当潜在客户面对这个产品犹豫不决，认为所需花销过大时，客户案例研究人员却惊讶地发现，问题并不是出在 40 000 美元的租金上，反而是 3 000 美元购买硬件的费用让客户感到难以接受。有了这个发现，公司重新推出了一种新的业务模式，“免费”赠送硬件，同时调整软件的租金以补偿硬件方面的损失。这种新的定价模式帮助这家公司成功打入市场，3 年以后，公司的股价上涨了 8 倍。

利用客户案例研究支持新策略

可能客户案例研究在支持创新中的最大作用就是帮助公司制定新产品的相关策略。应该在一种新产品投入市场后马上对最初的一批客户进行案例研究。无论是自己的还是竞争对手的产品，我们在调查时都会希望从购买产品的实际客户那里得到反馈意见。这种研究能让你深入了解未曾预料到的市场情况、产品需求、购买群体、实际问题和客户分类，并据此预测市场发展趋势，开发新产品。

如果公司同意成为对新产品进行 Beta 测试的平台，我们也能够从中得到极有价值的发现。作为 Beta 测试平台的公司会和实际购买了产品的顾客一样面对购买产品带来的所有风险。

意外的客户

对购买案例的研究能否揭示出人意料的客户群呢？在对公司客户的调查中，我们经常会发现，有些完全没有预料到的人群参与到选择和购买产品的决策过程中，而他们对产品的期待和要求可能会和目标客户的完全不同。发现这些意外的客户也许不会促使公司设计新的产品，但是却可以提示公司进行市场推广和客户沟通方面的创新改进，从而使这些新发现的顾客受益——无论他们属于企业客户还是属于个人客户。

对女性珠宝市场的客户案例研究发现，这个市场里有相当大一部分消费者是男性，而目前的珠宝销售商并没有完全满足他们对产品的需求。研究结果说明，买到珠宝只满足了男性消费者的一半需求。除了准备精美礼品之外，他们还需要浪漫惊喜的送礼方式。就这样，客户案例研究帮助珠宝销售商认识到：要在市场竞争中取胜，还要向客户提供赠送珠宝礼品的好方式。

新的客户分类

当一个消费者叙述购买同一个产品的多次不同经历时，很明显他身上存在着对产品的多种需求，而且很可能其中至少有一种需求还没得到满足。

克莱顿·M. 克里斯滕森（Clayton M. Christensen）和迈克尔·E. 雷纳（Michael E. Raynor）在著作《困境与出路——企业如何制定破坏性增长战略》（*The Innovator's Solution: Creating and Sustaining Successful Growth*）中提供了一个例子，很好地说明了客户案例研究的这个作用。一家快餐连锁公司利用客户案例研究找到了增加奶昔销量的方法。公司惊讶地发现,消费者购买奶昔往往并不是为了解渴或作为饭后甜品,而是可以分为两类:早晨买奶昔的人和晚上给孩子买奶昔的父母。早晨购买奶昔的消费者主要是为了在无聊漫长的上班路上"占着嘴"消磨时光,而晚间的消费者则是因为白天拒绝了孩子很多要求之后,晚上用奶昔来安抚补偿孩子。这些出人意料的情况促使快餐公司开发新产品,以满足这两类消费者的特别需要。

在收集了 10 个至 20 个案例之后,我们就可以综合分析不同的结果,列出从不同方向推动消费的各类因素。虽然有时得出的结论仍然是以消费者年龄性别等因素为根据的分类,但在更多的情况下,你会发现以前不知道的消费成因和需求。

进行客户案例研究的时机

从定义就可以看出,客户案例研究只能针对真实产品的真实购买案例进行。为了评价新的产品创意,我们也可以对具有同样目标客户的现有产品进行案例研究。记住:虽然案例研究是围绕某个产品进行的,但研究的焦点并不是产品本身——无论它是新是旧,而是促成购买的情况和消费者的需求。如果竞争对手已经生产出了类似的产品,我们就应该利用客户案例研究来调查那个产品的消费成因和需求，这样的研究结果能帮助我们的新产品一举超越竞争对手的。

客户案例研究还能把公司的不同部门团结起来——包括设计开发、市场推广、销售和服务等各方面人员，大家一起投入研究消费者购买的过程，热烈讨论如何满足消费者的需求。而激发并促成消费行为的因素往往可以直接成为公司的4P（产品、促销、定价、定位）策略。

通过了解消费者购买现有产品的真实原因，不仅公司可以开发出能更好满足消费者真正需求的新产品，市场销售人员还能深入理解促成具体购买行为的因素。有了这些认识，销售人员就能在最适合的环境里把最吸引消费者的信息直接传递给消费者。研究购买过程也能揭示消费者在完成购买的全过程中需要承担的所有费用，从而制定更合理的价格和策略。探索购买成因往往还能提供出人意料的机会，帮助我们开发以前没有考虑过，但是目标客户更容易接受的销售渠道。

3. 百思买管理层的一线课程 ……

劳伦·凯勒·约翰逊
Lauren Keller Johnson

3. 百思买管理层的一线课程

劳伦·凯勒·约翰逊

你对公司一线员工的专业技能有多少了解？如果你的公司和大多数公司一样，那么你的回答就会是"不太了解"。

这是多大的浪费啊！实际上，一线员工拥有对公司业务的独特深入了解，他们每天都通过打电话或面对面地与消费者直接沟通，他们也是最能够掌握公司产品和服务的人。

与公司的高级行政管理人员相比，一线员工和他们的部门领导能够站在更加理想的位置提出服务消费者的创新思想，并使自己和自己的团队创造更加卓越的绩效。

那么，为什么很少有公司能建立"自下而上"的信息收集制度，从一线获得创新思想，同时向高级执行团队提供有效建议呢？这是因为有些公司认为其他工作更加紧迫重要，从而分散了注意力，还有些公司则是忙于应付业界的快速变化，根本顾不上建立完善的系统来利用一线员工的专业技能。

不过，还是有一些公司克服了这些困难，并且获得了相当可观的成功。百思买(Best Buy)，一家科技和娱乐产品服务零售公司，就是这样的一个成功范例。

百思买的中心工作是通过一项独特的活动让公司高层管理人员参与实地销售活动，他们也从中获得了丰厚的回报。

去一线直面客户

2003年，百思买开展了现在声名远扬的“客户核心化”活动，其本意是强调关注百思买的不同消费者的多种需求。在2004年初的一次新闻发布会上，百思买的CEO布拉德·安德森(Brad Anderson)讲述了这次活动的收获：“通过这次活动，我们的员工为消费者提供了有针对性的量身订制的产品、解决方案和服务，让我们更深入地配合我们的消费者……这些工作使我们从一个全新的视角来审视我们的业务。”

可是问题就在这儿：安德森审视业务的视角也许是全新的，可是这仍然是上层总部的视角，而不是来自一线的。因此，百思买的人们就面对着一个困境：坐在明尼阿波利斯郊区的办公室里，你难道真的能和波士顿、休斯敦和亚特兰大的消费者相互沟通、切实联系吗？

公司的领导很快就认识到这样是不行的。零售部的执行副主席蒂姆·麦克吉安（Tim McGeehan）说：“公司领导并没有获得来自一线的实地认识。”

为了解决这个问题，公司发动了商店经理们的积极性。百思买的一位中间联络执行官史蒂夫·普拉瑟（Steve Prather）介绍说：“我们从全国各地召来了 6 位商店经理，并让他们说说什么样的活动才能解决这个问题。”他们提出了一个出人意料的建议：把公司传统的培训模式反过来，让商店经理们去培训公司高层领导。

2004 年 9 月，公司启动了全新的商店经理培训项目，把百思买的 130 名高层管理人员分配到 130 家效益最好的商店接受培训。2004 年秋天是项目实施的第一阶段，每个高层领导都要在分配的商店里度过 3 天，了解优秀商店成功经营的因素，并拓宽思路，考虑公司的支持中心怎样能够进一步促进商店的成功。例如，一位物流管理人员就集中开发了保证送货准确及时和更快把货物运送到销售楼层的方法。而另一位负责零售的领导则致力于寻找改善店员推销效果的方法。

不过，就在这些高层管理人员利用自己的专业技能改善商店经营状况的同时，他们也在现实的销售过程中接受了商店经理和员工的教育和培训。

2004 年冬天和 2005 年春天，在项目的第二阶段中，商店经理们在公司总部度过一周时间：他们参加会议，接听电话，提出建议，帮助公司进一步改善对各地商店的支持工作。

从一线到总部办公室

麦克吉安是这次活动的策划人，也是亲身参与的体验者。他说："我已经在零售业工作很长时间了，但是当我跟着一位商店经理参与实际销售的时候，我的视角就截然不同了。"麦克吉安认为自己在新罕布什尔的纳舒厄分店里实地考察时，看到了生气勃勃、能力非凡的"人的因素"。

例如，他注意到自己的"师傅"珍妮特·法利(Janet Farley)(当时是商店总经理)根据对员工个人情况的了解而酌情"各放一马"。例如，身为单亲家长的店员不会因为接班迟到一会儿而担心自己丢掉工作。麦克吉安把这个收获带回公司总部，建议针对商店不同人员的情况制定更灵活宽松的时间安排表。他解释说："通过为情况不同的员工提供更多上班时间的选择，我们就能让他们更好地发挥所长。"

公司的投资关系副总裁珍妮弗·德里斯科尔(Jennifer Driscoll)则在 2005 年 1 月到休斯敦的一家商店度过了自己的学习期，她的师傅是商店经理布雷特·拜勒姆(Brett Byrum)。德里斯科尔请拜勒姆描述他遇到的最棘手的问题,结果发现这个商店需要的是有效的电话接听系统和商品目录订货程序。回到总部后,珍妮弗·德里斯科尔和其他管理人员交流了学习期间的收获,发现他们的师傅也反映了同样的问题。于是,公司的管理团队采取行动,更新技术,为商店经理安装了能够直接从销售店面获得商品目录的软件,并且更新了商店的电话接听系统。

"看到公司的高层管理人员对我的团队感兴趣,这对我们是极大的激励和促进。"

那么和公司高层管理人员相比,商店经理的感觉又怎么样呢?拜勒姆谈了他的感受。拜勒姆是2004年从沃尔玛跳槽到百思买的,他对这次"客户核心化"活动感到激动不已。他说:"不过,我也有些犹豫。我不知道自己能发挥什么作用,也不知道自己能在公司高层管理人员中创造出多少价值。"

但是,他又说:"看到公司的高层管理人员对我的团队感兴趣,这对我们是极大的激励和促进——即使兼职员工也受到了鼓励。"

在实践期间,德里斯科尔关心拜勒姆,并让他和他的下属都知道自己愿意提供帮助。拜勒姆说:"她更愿意提问题，而不是急着提建议。到她离开的时候，商店里的每个人都觉得自己现在认识总部的人，以后可以直接给她打电话了。”

2005 年 4 月，拜勒姆到公司总部实践的时候，他见到了德里斯科尔和其他高层领导，回答他们的问题，讲述自己商店面临的问题，并参加总部的利润总结会议和分析师的电话会议。有时德里斯科尔无法回答分析师们提出的关于商店经营的问题——例如公司的回款制度效果如何，或配合手持游戏机等主打产品卖出了哪些配件——这时候拜勒姆就能提供有用的信息。此外，德里斯科尔说，拜勒姆提供的反馈信息还帮助公司高层明确了怎样向投资商描述客户核心化的概念。

利润大丰收

百思买的商店经理培训活动在初期阶段就改变了公司的交流结构。

麦克吉安说：“以前，从公司总部通往各个商店的沟通渠道是一条 12 车道的超级畅通高速路，而从商店到总部则只有一条泥泞的小路。现在我们正在建起一条双向沟通的高速路，商店经理更容易和公司高层管理人员交流。”他还认为这个项目“给公司带来了翻天覆地的变化”。当权力被分配给商店级别时，“问题不再是高层领导要指示商店经理怎么做,而是要帮助他们为公司带来革新”。

公司权力的转移让商店经理们以更开阔的视角去考虑百思买的业务工作,更积极地参与公司的战略活动。例如,在近期的一次会议上,一个商店经理建议彻底改变送货卡车的卸货时间安排,以便商店员工有更多时间留在店面里为顾客服务。现在这个经理提出的方法已经被百思买在各地广泛采用。

麦克吉安提到的另一个收获是:“公司的管理人员能够从商店经理那里获得实事求是的情况反馈,而不是敷衍了事、泛泛而谈的表面文章。”

根据活动试验期间得到的经验,百思买最终圆满地开展了这次“反向培训活动”,有效地提高了公司的效益。参与活动策划工作的史蒂夫·普拉瑟说:“活动试验期告诉我们,只让管理人员从 10 月到第二年 1 月去商店实习还是太有限了,这段时间仅仅是试验的开始。”在这段时间里,有几位高层领导因为种种原因没能参加活动。此外,这段时间对于商店经理来说也多有不便。因此,此后的活动安排就变成了纵贯全年,总部领导和商店经理不断进行互相的实践和学习。

普拉瑟还介绍说,有些商店经理很难适应作为高层领导“师傅”的角色,另一些则错误地理解了这个活动的目的,以为自己需要“照顾好”高层领导或“整理店面准备接受视察”。为了解决这些问题,百思买在春天进行了“零售之路成果展示会”，请参加试验阶段活动的成员与其他高层领导和商店经理分享自己的收获。

百思买的管理者把这个反向培训活动看做一项不断进步的工作。他们希望，通过这个活动能建立起一张巨大的关系网，让商店经理的好想法、好建议顺利反映给总部的支持中心，并得以广泛采用。

4. 调查消费者真实意向的四个要点 ……

吉姆·比林顿
(Jim Billington)

4. 调查消费者真实意向的四个要点

吉姆·比林顿

啊，那些不可理解的消费者啊！没有他们，你肯定没法生存，可是，和他们“共同”生活却也不总是轻松愉快的事儿。例如，为什么他们明明说了会买你的产品，可是一转身就买了你的竞争对手的呢？如果他们这种反复无常带来的结果不是那么严重，你当然可以不必太在意，但是很多新产品初次面世就胎死腹中的经验证明，商业企业根本不可能若无其事地接受消费者购买意向调查的失败结果。当消费者的实际购买情况与他们之前表示的意向不符时，商家的利润会急剧下降，市场推广销售人员也会遭到巨大打击。

现在的企业经常利用购买意向调查来预测新产品的销售情况，但是最近的研究结果和很多营销人员的长期经验一致显示：消费者表达的购买意向经常不会转变为实际的购买行为。近期的《哈佛商业评论》刊登了一篇报道，介绍维基·莫维兹(Vicki Morwitz)、纽约大学伦纳德·N. 斯特恩商学院的乔尔·斯特克尔(Joel

Steckel)和曼哈顿第一咨询集团的阿罗科·古普塔(Alok Gupta)的一次合作,他们共同分析了之前发表过的100篇调查报告,共涉及200种产品和65 000名消费者。分析的结果是:尽管在询问消费者是否会尝试购买某种产品时,消费者都能作出具体明确的回答,但实际上他们并不能可靠地预测自己较长时间之后的购买行为。或者,按照这几位学者更委婉的方式来说:"我们惊讶地发现消费意向调查起到的预测作用是那么微不足道。"

不过,市场推广营销人员进行消费行为预测的方法可远远不止消费意向调查。现在,商家和企业可以建立详尽的消费者分类特征档案,借以预测主要消费者群体的购买行为。那么,这些分析预测消费者理性行为的方法效果又怎么样呢?很遗憾,也不太好。至少斯坦福大学的威廉·马西(William Massy)、宾夕法尼亚大学的罗纳德·弗兰克(Ronald Frank)和康奈尔大学的托马斯·罗达尔(Thomas Lodahl)都是这么认为的。在最近一期的《美国人口统计数据》(*American Demographics*)中,作者戴维·B. 沃尔夫(David B. Wolfe)引用了上述三位学者的论断,认为消费者分类特征能预测的购买行为不超过总量的7%。

在商业历史上,因为依赖消费者理性行为的预测模型和联合测试,曾经导致了一些代价惨痛的市场灾难。例如,在推出新型可乐之前,可口可乐公司请消费者品尝测试，人们表现出很喜欢这种新口味。可是，当最初的新奇感消退之后，多数美国人还是觉得没法改变对传统可乐的忠诚喜爱。同样，柯达公司尝试推出新机型“Advanta”时，最初的市场评论也对其高科技成分表现了极高的热情。可是当时的主体消费者是出生于20世纪50年代的中年人，他们对高科技的种种噱头最终还是抱着怀疑的态度，并不乐于接受。

到底为什么消费者的行为那么难以理解和预测呢？传统的方法认为，人们能准确地描述自己的需求和意愿，可是正如心理学家伯纳德·J. 巴尔斯（Bernard J. Baars）在《意识的剧场里》（*In the Theater of Consciousness*）一书中的论述：“我们无法准确地表达自己的意愿和期望，这也许正说明这些思想不存在于我们的确切意识中。”因此，当消费者预测说自己会购买某种产品时，他们运用的是自己的有意识思想，可是这只是决定实际行为的部分因素。此外，有时候消费者预测的是他们认为自己“应该”购买的东西，而不是实际上“将要”购买的东西。例如，在考虑购买室内锻炼器材时，对于略微超重的人们来说，锻炼器材是应该而且需要购买的东西，可是这些人中却很少有人真正实现了购买行为。因此，我们可以得出这个隐含的结论：人们并不总是按照理性判断采取行动，而是会尽量说些别人（尤其是焦点团体的领导）想听的话。

那么，是不是市场预测调查和算命一样不可靠呢？

也不完全是这样。思想灵活的营销人员根据以往的经验,学会了怎样克服消费者行为内在的不可预测性,从而对消费者行为加以理解并获得较好的预测效果。这需要敏锐的观察力,深入的倾听,分辨消费者可能使用产品的各种环境的细微差别,还有像佛家弟子一样平心静气的等待。

“要观察消费者的行为,不要听信他们的话。”

这是“战略市场调查公司”的 CEO 兼摩立特公司的董事鲍勃·卢里(Bob Lurie)的忠告。《蝴蝶型消费者》(*The Butterfly Customer*)一书的作者苏珊·M.奥黛尔(Susan M. O'Dell)和琼·A.帕胡恩(Joan A. Pajunen)也同意这个关于消费者不可预测性的判断,他们在书中描述的消费者像蝴蝶一样“在一家家银行、一张张信用卡和各种服务之间穿梭变换”。这样的消费者从一个市场分类变为另一个分类,毫无内疚之情地变换供应商,是对市场研究人员精心总结的消费者心理分类特征的无情嘲讽。他们精明世故,和行业专家一样掌握了充分的产品信息,极其强调自己对具体产品和服务的需求,却基本没有品牌忠实度。奥黛尔和帕胡恩写道:“他们的第一直觉就是去尝试更新更好、有所不同的产品。”

那么应该怎样和蝴蝶型消费者打交道呢？首先，要接近他们，先仔细观察他们的行为，然后再认真倾听他们的意见。凯南麦特公司（Kennametal Inc.）是一家拥有10亿美元资产的金属切割工具制造公司，他们派出300名员工到一家大客户——达纳汽车零部件公司（Dana Auto Parts）的弗吉尼亚布里斯托工厂去。为什么这样做呢？就是为了看看消费者使用公司产品的实际环境和情况。这些巨细无遗的现场观察结果不仅帮助凯南麦特公司改进了生产技术，而且还对新产品开发和市场推广起到了重要作用。

当微软公司开始收到律师们对“Word 6.0”软件的投诉意见时，公司经理埃里克·勒凡（Eric LeVine）就到35家不同的公司企业中去现场观察Word软件的使用情况。在这个过程中，他学会了怎样区分安装问题和软件本身的缺陷，并且找到了针对每种问题的解决方法。

弗雷德·维尔瑟玛（Fred Wiersema）在《客户亲密度》（*Customer Intimacy*）一书中列举的上述范例说明，要想深入理解使用者的需求，必须先详细了解他们的工作职责和工作环境的具体条件。虽然这个道理不难理解，但是我们还是可以随随便便就举出至少几十种产品，它们的设计完全没有考虑人们实际使用的条件和需要。即使在这种情况下，当这些仓促设计出来的产品在市场上跌跌撞撞艰难挣扎时，只要观察一下消费者使用这些产品的情况，生产企业也能获得非常有价值的信息。

可是，如果那些蝴蝶型消费者不可能成为你的长期客户，那么为什么还要观察他们使用产品的情况呢？奥黛尔和帕胡恩认为，即使是最难以捉摸的客户也会有自己的价值体系，他们会据此作出购买的决定。虽然这些消费者对广告和商家的承诺持怀疑态度，但他们却很相信朋友的建议，同时还会积极调查第三方的信息反馈。也就是说，虽然这些消费者可能很容易“不战而退，转换阵地”，但是他们在内心深处也很希望能对某种产品保持忠诚。

奥黛尔和帕胡恩建议，为了留住“常变客户”，商家必须针对他们的需求提供产品。你要展现出一贯可靠的服务，并且绝对实现关于产品的所有承诺。这样，你就能重新赢得那些善变的客户。

最近，哈佛商学院出版公司出版了一套名为《重塑产品，改进服务》(*Redesigning Product/Service Development*)的录像，是根据哈佛商学院教授戴维·A. 加文(David A. Garvin)的研究成果报告拍摄制作的，旨在为观众提供行之有效的措施步骤，来帮助商家理解消费者的行为，并据此改进产品和服务质量。其中一集讲述了 L. L. Bean 公司为改进登山鞋的设计，请一位消费者无拘无束、自由详细地描述他穿登山鞋旅行时的体验。事实证明，与传统的调查方法相比，通过这种亲切深入的攀谈得到的产品信息要广泛、具体得多。例如，一个猎人在讲述旅行过程时提到“汗湿的双脚，泡皱了的皮肤”，这就有效地让设计者认识到登山鞋的防潮性有多么重要。

根据消费者的体验来改进产品和服务

当L.L.Bean公司的产品经理们希望设计一种新款登山鞋时，他们请位于马萨诸塞州剑桥市的管理质量中心教给他们一种叫做“概念工程”的方法，这种将开放式访谈和亲和图法(affinity diagram)结合利用的方法是川喜田二郎(Jiro Kawakita)发明的，用来组织和提炼思想。这个方法帮助你身临其境地进入消费者的使用体验中，体会他们的需求，然后将对需求的理解转化为更好的产品和服务。

这个过程是：先按照亲和图挑选出不同类型的16—20位使用过你们产品或服务的消费者，然后用开放式的问题进行访谈，了解他们对你们产品或服务的看法。你的目标是让消费者深入讲述他们的消费体验，了解他们在使用你们公司和竞争对手的产品或服务时的具体细节和他们的感受。L.L.Bean公司提出的问题包括：“您在最近一次购买登山鞋的时候想的是什么？”“您希望现有的登山鞋能具有其他鞋类产品或运动服装的哪些功能？”在利用这些问题进行访谈的同时，你还必须观察消费者在各自的实际环境中使用你们公司和竞争对手产品或服务的情况，切不可用访谈来代替实地观察。下面就是 L. L. Bean 公司分析用户访谈结果的范例。

分组整理用户的描述和看法。	总结用户的每组体验并将其转化为对产品或服务的要求。
•走过潮湿的沼泽地区，感到水渗进靴子里 •站着不动的时候觉得脚越来越冷 •早晨穿上潮湿冰冷的靴子，实在太难受了 •汗湿的双脚，泡皱了的皮肤	***总结：双脚潮湿寒冷*** 产品要求： • 鞋类产品能保持双脚干燥 •鞋类产品能帮助静止不动的旅行者保持双脚温暖。
•我得在泥里用脚拧来拧去，争取让摩擦大一些 •站在斜坡上的时候会向下滑	***总结：鞋底摩擦力不够*** 产品要求： • 在光滑地面上提供最大抓地力 •在不同地质地形上帮助旅行者快速移动

资料来源："Working Smarter: Redesigning Product/Service Development,"基于哈佛商学院教授戴维 · A. 加文 1997 年的研究成果报告，Havard Business School Publishing。

发掘消费者和产品之间的故事

卢里写道：对不同消费者最深入了解的"基础是理

解他们的实际行动，而不是他们所说的话。了解消费者就意味着要了解他们和你的产品之间发生的故事。”

卢里继续说，在之前的30年里，家乐氏(Kellogg)糖霜玉米片在美国所用的广告代言形象一直是一个动画人物“老虎托尼”，广告内容就是托尼对主要目标消费者——孩子的谈话。不过在家乐氏最新的广告中，一些成年人尴尬地承认自己其实也非常喜欢糖霜玉米片。在过去的四年中，这类广告使家乐氏的糖霜玉米片销量明显增加，而且相当大一部分消费者都是成年人。

其中的秘密是什么呢？原来家乐氏公司理解了家长在早晨准备早餐时心里的想法。打开厨房柜橱，看到所有的早餐食品——包括糖霜玉米片和全麦片等时，家长会想：“我喜欢糖霜玉米片，可是不能吃，这是给孩子吃的东西。要是我吃了，孩子肯定会笑话我的。”于是，家乐氏的新广告直接针对成年人内心的想法，说：“没错，我知道你们告诉自己，成年人吃糖霜玉米片不合适。其实没关系，因为其他成年人也很喜欢吃。”

记住：实际情况至上

莫维兹、斯特克尔和古普塔得出结论：唯一能够比较成功地预测消费者长期购买行为的购买意图调查就是通过具体问题访谈和考虑消费者全部实际情况的调查。因此,提问“您是否可能会购买一辆福特汽车?”就比“您是否可能买车?”得到的结果要确定一些,更好的问题则是“您是愿意买福特野马汽车还是雪佛兰克尔维特汽车?”

卢里还举了一个消费群体的范例:美国男人买小甜饼的方式。他观察到:男人主要在两种情况下购买小甜饼,一种是为扑克聚会等场合准备零食,一种是每周购物的惯例。男性消费者的行为会根据情况的不同而有很大的变化,但是他们的目标是一贯不变的——购买过程要快捷。

卢里说,男人不喜欢逛超市、商店,他们认为这是一项家务活。经常,男人们是受妻子的指派而不得不完成每周一次的购物任务,他们必须带着成果回家。男人往往没有权利改变购物清单,但是他们可以想办法让自己轻松一点。比如说,男人不会费心去使用优惠折扣券,而是会购买大包装产品来找“便宜”。但是,如果是为了扑克聚会购买小甜饼,他们往往会到便利店去买上几种好口味,而不会考虑价格问题。

考虑到男人购买小甜饼的实际情况,营销经理就可以制定两种不同的市场策略。第一种策略是把大包装甜饼放在百货店货架靠近过道的一端,方便匆匆走过的男性消费者一眼看到;第二种策略则是把比较贵的小包装甜饼放到便利店里出售。在这个例子里，虽然你希望吸引的是同一类消费者，但因为情况不同，策略也要随之变化。

时刻警惕着，小蚱蜢！

人类复杂多变的情绪动机将永远塑造着市场营销人员的喜怒哀乐、成功失败。但是无论如何，理解消费者真实意图的基础应该是不变的，那就是对消费者的观察——在尽可能真实的情况下的观察。你对个体消费者的行为越警觉注意，你就越能了解他们个人的需求，以及他们所代表的群体的需求。

参考阅读

The Butterfly Customer: Capturing the Loyalty of today's Elusive Consumer by Susan M. O'Dell and Joan A. Pajunen (1997, John Wiley and Sons)

"The Consumer Doesn't Always Know Best" by Andrea Ovans (*Harvard Business Review*, May-June 1998)

Customer Intimacy: Pick Your Partners, Shape Your

Culture, *Win Together* by Fred Wiersema (1998, Knowledge Exchange)

In the Theater of Consciousness: The Workspace of the Mind by Bernard J. Baars (1997, Oxford University Press)

"What Your Customers Can't Say" by David B. Wolfe (*American Demographics*, February 1998)

"Working Smarter: Redesigning Product/Service Development" a video toolkit based on the writing and research of HBS professor David A. Garvin (1997, Harvard Business School Publishing)

第二部分

划分客户群

通过划分客户群——拥有不同需求的客户群体——你就能设计出具体的产品、服务和流程来满足不同客户的需求。这一部分文章将告诉你怎样根据特定的标准来划分客户群，以及怎样利用技术来进一步对客户群进行详细分类。

通过阅读下列选文，你能了解划分客户群的标准，包括：客户的个性特征、他们是否愿意向朋友和家人宣传你们的产品、他们是否具有跨越产品和服务界限来推动业务发展的能力，以及某些产品特征对客户的情绪影响，等等。此外，还有一篇文章介绍了怎样利用网络来收集关于特定客户群的信息。

1. 倾听客户的声音 ……

詹姆斯·艾伦 弗雷德里克·F. 赖克哈尔德 巴尼·汉密尔顿

James Allen, Frederick F. Reichheld and Barney Hamilton

1. 倾听客户的声音

詹姆斯·艾伦　弗雷德里克·F.赖克哈尔德　巴尼·汉密尔顿

“强势陷阱”：一家公司所占的市场份额越大，它就越可能不了解自己的客户，因而采取想当然的市场策略。随着收益的增加，企业的管理层往往开始混淆客户带来的利润和客户的忠诚度，他们意识不到创造最多效益的客户也可能就是最容易感到不满和最难沟通的客户。而更糟糕的是，传统的市场调查方法很可能使公司把自己的客户数据看成一组组调查统计数据，管理人员会过分专注于数据，而忽视了倾听客户的真实声音。

财会软件公司直觉公司(Intuit)虽然以长期的优质客户服务而著称，但他们也曾经有一段时间掉进了这个陷阱。在2001年，直觉公司的TurboTax报税软件占据了报税软件零售70%的市场份额和83%的网上市场份额。可是，他们之后采取的一些措施却开始让客户感到不满，例如，提高技术支持电话的话费，将软件授权只限于一台电脑，等等。因此，店内零售增长开始停滞，同时，随着报税网站的兴起，这款报税软件的网上销量也一落千丈。到 2003 年，TurboTax 的网上市场占有率已经降到了谷底。

贝恩公司最近的一次调查显示，很多公司都会对市场作出错误的理解和判断。贝恩的调查涵盖了 362 家公司，其中有 80%都认为自己带给客户的是“卓越”的产品或服务。可是，贝恩调查他们的客户时，却发现其中只有 8%的公司得到了“卓越”的评价。很显然，公司常常受到各种因素的误导，认为自己已经做到了让客户满意的程度，可实际上要获得客户的好评却不是那么容易的事。

那么到底是什么让那 8%的公司真正得到了客户的好评呢？贝恩调查发现，这些公司格外广泛深入地了解客户的体验。多数其他公司都是专注于自身的产品或服务，借此来提高客户满意度，但是这些优秀公司的领导却努力同时达到下列三个重要目标：

1. 针对不同客户设计适合他们的产品和服务。
2. 通过使全公司共同集中精力和注重多部门合作来生产具有符合客户需求的特征的产品。
3. 长期不断开发提高客户满意度的能力，可采用的方法包括：修改计划过程、培训员工开发新的客户需求、建立对客户的直接负责制度。

上述三个目标相辅相成，相互巩固。完成这三个目标，公司就能保证坚持倾听并了解自己的客户。

设计适当的产品特征性能

多数大公司都擅长将客户分为不同的群体并针对每个客户群设计特征产品。但是那些格外受到客户好评的公司则有着与众不同的设计过程。在划分客户群时，他们不仅要考虑客户带来的利润率，而且还要考虑客户为公司进行宣传的可能性，也就是他们是否会向其他人推荐公司的产品。

客户宣传的效果可以用“客户净推介值”来总结，即用可能推荐公司的客户（推介型客户）所占的百分比减去贬低公司产品的客户（贬低型客户）所占的百分比得出的净值。因为这样的简单数字是公司里所有部门的所有人都能理解的，因此它能团结整个组织，促使大家精诚协作。这样做的最终目的就是要让更多的客户进入高收益率、高宣传度的群体。

当然，将消极客户转化为积极客户的因素会根据不同的客户群而有所不同。吸引一个群体的某种因素可能会让另一个群体感到厌恶。因此，在划分客户群时，我们不仅要考虑基本的图表分析和购买统计数据，还要区分不同客户的态度和性格。

沃达丰（Vodafone）就是一个很好的范例，这家英国公司在 20 世纪 90 年代凭借收购迅速发展，成为世界领先的移动通讯供应商。为了保证自己的产品能够送到每个国家的目标消费者眼前，沃达丰不再像大多数手机公司那样简单地按照居住地区来划分客户群，而是把巨大的市场分为几个特征分明的全球性群体："年轻、动感、娱乐"的用户、临时用户，以及其他几种。

然后，沃达丰针对每个客户群确定有针对性、注重用户体验的产品特征性能。他们为"年轻，动感，娱乐"的用户群体推出了最先进的 Vodafone live!，这款手机提供丰富的数据服务，包括游戏、流行歌曲彩铃、新闻、体育和各类信息等。而针对临时用户群，沃达丰提供了"沃达丰简便手机"(Vodafone Simply)，沃达丰 2005 年度报告对这款手机的描述是"简便直接的手机使用体验"。这样描述清楚的服务平台使公司里的每个人都能理解公司的战略思想，并集中精力进行开发创新，更好地为各个客户群提供服务。

在为不同客户群设计产品特征性能时，企业领导者应该关注整体的客户体验，考虑到客户通过不同接触点与公司不同部门打交道的过程，包括购买、售后服务、技术支持、升级、开付收据等。要想让消费者感到满意并成为忠实客户，一家公司就必须关注所有涉及客户的接触点，因此对产品或服务的设计也应该从最早的消费者体验过程开始。设计应该不止关注产品本身的特征性能，还要关注所有涉及将产品的特征性能呈现给客户和涉及客户体验的过程。

把价值传递给客户

即使是设计最完美、考虑最周详的产品或服务，也可能会因为不当的销售执行而使其价值传递结果大打折扣。为了保证有效的价值传递，企业的领导首先必须创建并鼓励跨功能跨部门的工作团队合作，涵盖从市场营销到供应链管理的各种分工，这样才能让产品的价值通过良好顺畅的过程传递给消费者，带给客户一流的体验。此外，企业领导还应该把与客户的互动看做宝贵的资源。数据收集分析和客户关系管理(CRM)系统能帮助我们建立假设前提，但是最终检验任何公司产品价值传递效果的却永远是客户的口碑。最好的公司总能设法随时随刻得到客户的反馈。

爱尔兰百货连锁公司超级奎因(Superquinn)就特别擅长于倾听客户反馈意见，并提供客户需要的价值。公司的创始人和总裁费尔盖·奎因(Feargal Quinn)每个月都要到商店里去实地视察并和消费者攀谈。公司每隔两个月邀请12名客户参加两小时的会议讨论，他会询问客户对于服务质量、价格、店面卫生、产品质量、新产品供应、最近的商品陈列和广告促销等各方面的意见，他还要了解这些客户会从他的竞争对手那里购买哪些商品及其原因。奎因利用这样得到的信息来评价商店的管理情况，并不断改进公司的策略和执行方法。

例如，有一次奎因了解到超级奎因25%的顾客从不光顾店里的面包坊。他把这个数字告诉面包坊的管理人员和员工，于是大家想出了富有创意的“新鲜面包天天烤”的办法来吸引顾客。很快，顾客们就开始被新鲜出炉的多纳圈的香味吸引到面包坊来，并且发现篮子里装满了免费品尝的面包块。今天，90%以上超级奎因的顾客每周至少光顾面包坊一次。

超级奎因的经验说明，如果一家公司希望自己产品或服务的价值能够被充分传递给客户，那么一线的员工就必须经过认真挑选，接受充分的培训，并得到合理的酬劳。

客户统计数据还能起到一个重要的作用：企业可以根据这些数据判断产品或服务是否一直满足不同目标客户群的需求。但是传统数据只关注某些具体产品的功能效果，这还远远不够，统计数据还应该能帮助判断企业内部不同职能部门的协作效果。

清醒认识客户

应该把哪些消费者当做目标客户？如果你说是

“能带来最多利润的消费者”，那么你只对了一半。那些能替你的公司做宣传、能鼓励其他人成为你的客户的消费者也同样是你应该努力争取的重点客户。你可以通过评估客户利润率和宣传度来制订针对不同客户群的战略和投资计划：

- 高利润率推介型客户。这些是公司赖以生存的客户，是业务的核心。公司的产品设计和价值传递应该以扩大这个客户群为目标，并把具有同样特质的消费者作为目标客户去努力争取。
- 高利润率贬低型客户。这部分客户经常和“核心客户”一样重要，但他们仅仅是因为惰性或觉得没有其他选择才继续成为你的客户。他们能带来很多利润，对你的竞争对手来说很有吸引力，但也非常容易表达不满。失去这部分客户会影响公司的收益和市场份额，所以你应该尽快找出令他们不满的原因，并解决问题。
- 低利润率推介型客户。这些客户是未经雕琢的美玉，他们是忠诚的客户，但暂时没有给你带来太多收益。你可以通过向他们推荐更多的产品或服务来争取他们的好评，但不要太过急切，以免把他们吓跑。
- 低利润率贬低型客户。众口难调。如果无法以合理经济的方法解决这部分客户的问题，那么你就只好向他们推荐其他商家了。

我们常常发现，很多公司都会在进行分类之后惊讶地获知：哪些客户是高利润率推荐型客户，低利润率推荐型客户中存在多少可供开发的市场拓展空间，而又有多少贬低型客户隐藏在客户群中。

以“客户净推介值”为例：要提高这个得分就需要从最前方的一线到最后方办公室所有人员的共同努力。针对具体的客户互动过程制定精确的客户服务目标也能促进各部门和团队的团结协作。银行可能制定一个目标，在新客户开办账户一周之内电话追踪回访，而电话公司则可能规定在接通电话一周之内给客户打电话征求意见。要完成这样的目标，就需要客户服务部、市场部、渠道管理部和财务部门通力协作。

此外，企业领导还可以通过一些其他非正式的方法向客户征求反馈意见。例如，超级奎因就制定了顾客“挑错积分”制度，顾客可以通过指出缺货商品、卫生缺陷或超过三人等待的结款台来获得“挑错积分”，并在以后购物时凭积分打折。

客户价值特征不可能固定不变，
必须根据情况定期进行革新和改进。

开发不断创新的能力

客户价值特征不可能固定不变，必须根据情况定期进行革新和改进。价值传递也是一样，所有公司都必须日复一日、年复一年地提高产品和服务质量。擅长提高客户满意度的组织领导应该具有一系列能力，以保证这种系统化的革新和改进。这些能力包括：

- 制订以客户为中心的计划并加以执行的工具。例如，沃达丰制订的整体市场营销计划就明确地把客户放在公司战略最重要的位置。
- 客户统计数据和明确责任的闭合式反馈循环。汽车租赁公司(Enterprise Rent-A-Car)在每个分店都用“五点记分表”来追踪统计租车客户的满意度，而得分在公司平均分(80%的情况下都能达到最高分)以下的分店店员就没有资格得到提升。
- 以客户为中心的管理激励机制。例如，宣传净得分就越来越多地被作为衡量员工绩效的一个指标。

一些处于领先地位的企业也寻求新方法来获得最直接，最真实的消费者反馈意见——他们不只是为了保证不出问题，而且还借此开发系统革新和改进的方法。例如,美国SAS软件公司每年举行一次“SASware Ballot”年度调查投票活动,让消费者有机会投票评选软件改进方法。EBay公司则有一群被称做“评客(pinks)”的员工专门负责监控公司的留言板,随时了解发生的问题、客户投诉和需要注意的情况。美国运通(American Express)公司则会给每个没有在短时间内激活新卡的客户打电话,询问他们遇到的任何问题。

直觉公司在TurboTax报税软件的网上市场份额大幅度下降之后,采取措施扭转劣势,其中一个重要部分就是建立固定制度,保持不断改进产品和服务质量。公司的消费者报税组是市场份额下降最严重的一个部分,他们组建了有6 000名会员参加的“内部客户圈”,请他们不断提供意见,成为长期的网上焦点团体。

这些客户提供基本的客户信息,同时还会回答这个最重要的问题:“你是否会向朋友或同事推荐Turbo Tax?”公司还请他们根据自己的体验提出哪方面服务最需要改进,包括选购环境、购买过程、安装和使用技术支持等各个环节。

接着,这些客户会看到其他客户提出的10个建议,并把这些建议按他们认为的重要程度排序。

直觉公司利用网络软件收集这些信息后,就能根据客户提出的要求和问题把客户分为不同性质的群体,例如宣传者和贬低者等。贬低者希望公司换个方式提供技术支持和客户服务,而宣传者却认为公司的折扣退款方面是最需要改进的。然后，直觉公司就继续探索具体情况：例如，客户提出折扣退款问题，是提交购买证明不够方便、退款速度太慢还是需要考虑新的折扣率？

因为采取了上述措施，消费者报税组明确了问题所在，并重新设计了核心的 TurboTax 报税软件产品，让消费者体会到更加方便强大的功能效果，并建立机制，不断改善提高产品的相关功能。此后，新用户和老用户的客户净推介值都大幅度提高，公司重新赢得了网上市场份额，商店销售份额也获得了新的增长。

就这样，直觉公司逃过了致命一劫。

2. 怎样防止客户产生厌倦感? ……

克里斯滕·D. 桑德伯格

Kirsten D. Sandberg

2. 怎样防止客户产生厌倦感?

克里斯滕·D. 桑德伯格

根据加特纳咨询公司(Gartner Group)的统计,去年众多公司共花费了220亿美元购买客户关系管理(CRM)软件,可是这软件到底发挥了什么作用呢?这种时髦技术的本意是要实现公司与客户之间一对一的交流和互动,可是专家们说,它实际上做到的只是更快、更有效地使客户感到失望——无论何时何处。客户忠诚度并没有因此而提高,公司仍然无法明确找出带来最大利润的客户,他们的数据分析和销售程序也仍然一如既往地复杂繁冗。

大家普遍同意:客户容易感到厌烦疲倦,因为他们面对着无关产品和服务的阻碍烦扰,无处不在的推销广告,公司的宠溺保护感和言而无信,所有这些都会让客户产生厌倦感。

那么,有什么灵丹妙药能重新吸引和刺激客户呢?《哈佛管理前沿》(*Harvard Management Update*)的市场专家说:不应该试图改变客户,而是应该改变公司自身。电扬广告公司(Young & Rubicam)2.1 分公司(总部位于纽约的广告公司的电子分部)的 CEO 克里斯·古德曼(Chris Goodman)说:“你会发现,客户厌倦感的真正根源其实是公司本身的停滞倦怠——公司对自己的市场份额和竞争态势感到自满,忽视了隐含的客户需求。”

索斯爱特咨询公司(Sociate)总裁杰里·米哈尔斯基(Jerry Michalski)警告道:市场销售人员应该不断重新吸引客户,但“不是通过游说的方式,因为这种方法已经失去了可信性。”现在应该突破传统的广告思路——中心任务是把公司的信息传递给客户,要投入时间和精力去了解客户希望向公司传达的想法和需求。

接近和了解客户,首先就要为那些购买你们产品和服务的人考虑。接下来就是公司的重新调整组合:改变员工的工作,使他们了解客户对产品和服务的需求是怎样和他们对某种感觉的渴望相结合。例如,有时候客户渴望的是一种拥有特殊产品的专属感——“我买到的这种产品只有少数人才能拥有”,这就是产品的主要卖点和吸引力。当这种刺激发挥作用的时候,你很可能不再需要追在客户身后兜售你的产品,而是吸引客户追着你,要求购买你的产品。不过,仅仅通过深入了解刺激客户的卖点来改善产品还不够:你们的可信度才是最重要的,唯一能长期克服客户厌倦感的灵药就是诚实可信、实事求是地向客户传递真正的价值。

不要把客户当做数据

米哈尔斯基说："现在的公司已经忘了怎样和人交谈。"随着工业革命中供应链的形成发展，产品的销售者不再和终端购买者发生直接的联系。"然后，媒体革命又一次突然使所有人彼此分隔"，人们不得不通过机器互相交流。

今天，几乎公司里的每个人都会收集客户数据，但是却没有人能真正完全把客户作为人来理解。因此，公司对客户需求和喜好的评估经常缺乏想象力和细致区分。

米哈尔斯基还说："假如有一个词是我们必须枪毙的，那就是'消费者'。"在使用这个词时，商家把人们看做没有生命的机器人，认为他们只是因为某种经济需求刺激而反射性地购买和使用产品或服务，这样就丧失了消费者作为人的丰富内涵。不过，"消费者"这个词能帮助公司认识到他们和客户之间的买卖关系不只针对产品，同时也需要更广泛的信息、思想和感情的交换。

多数公司的组织结构都不够完善，不能及时帮助员工意识到他们没有整体全面地理解客户,没有把客户当做拥有丰富多变的情绪和思想的人,而只是把客户看做一些数据。古德曼说,随着公司员工的分工越来越细,公司也倾向于根据品牌、业务单元、地区或销售渠道来组织市场销售,而很少考虑到与客户之间的人际关系。

结果,很多市场销售部门——甚至整个公司——对客户的认识都越来越支离破碎。针对这个问题,古德曼建议采用"客户分类方法"来解决,即"把客户分为四至五个主要类别组,使他们跨越多条产品或服务线,促进公司的整体业务发展"。

例如,一家金融服务公司可以把客户分为以下各类:投资缩减的流动人员,他们接受了收入较低但更有成就感的工作;要在经济上照顾父母的流动人员;为孩子的教育存钱的父母;准备买房的单身女性。公司为每类客户指派一组服务代表,这些代表专门向自己负责的这类客户推销公司的整条产品线。这样就改变了众多代表向每个客户推销公司的每种产品或服务的传统做法,公司对客户的需求和喜好有了更丰富的认识,也更细致地理解了与竞争对手的产品相比,自己的产品怎样才能更好地适应客户的生活方式和变化的生活环境。

如果你的客户表现出厌倦的迹象，你就要为他们提供能让其他人嫉妒的产品，重新激发他们的热情。

出售体验

你的公司越能把客户当做完整的人来理解和对待，你们就越能找到更多吸引并留住客户的机会。《体验经济学》（*The Experience Economy*）的作者之一詹姆斯·H. 吉尔默（James H. Gilmore）说："200 年以前，97%的人居住或生活在农村。他们自己做衣服，自己种粮食，自己制造工具。"但是渐渐地，因为他们做其他工作能挣来更多的钱，或者他们希望花时间来满足自己的其他需求，所以他们发现付钱请别人为他们做这些事要更有利。这就是开发新方法来满足客户需求的关键所在。

"会付钱给你的人就是客户，"吉尔默说，"只要你能预想并提供人们愿意花钱购买的产品或服务，任何人都能成为你的客户。"例如：创造"在实际或虚拟空间中直接接触、共度时光"的机会，这样的体验能够"恢复一些被技术革新破坏了的关系"，从而为人们提供价值。

超越产品和服务

《体验经济学》的作者之一詹姆斯·H.吉尔默说，不要把自己的思路限制在现有的产品和服务框架内，要努力开发“人类需求的下一个浪潮”，考虑“体验”。下列问题能帮你拓宽思路：

- 你的客户、供应商、员工，甚至竞争对手的客户目前生产制造的哪些产品是他们并不想生产的？
- 他们现在做的哪些事情是他们自己并不想做的？
- 他们现在有哪些体验是他们不希望经历的？
- 他们梦想生产制造哪些产品，做哪些事情，或获得什么体验？

吉尔默认为“生活中应该有更多部分成为可以购买的体验”。他建议：“为客户创造与你接触的空间，明确收取费用，并在接触的这段时间里和他们交流或观察他们的行为。”美国芝加哥的“娃娃世界”就是这样做的：这家店在店铺里进行现场表演展示，并提供美妙的就餐环境，但顾客必须付费才能进入。它已经不仅仅是一家零售商店，而是把公司生产的娃娃布置成美国历史上的不同场景，用独特的主题展示吸引顾客前来体验。吉尔默说，这样的互动刺激的并不只是顾客买娃娃的欲望，“这种体验能促进孩子的成长，并帮助家长树立孩子的价值观。”

不过，北爱尔兰阿尔斯特大学的市场研究学教授斯蒂芬·布朗（Stephen Brown）提醒我们，客户的意愿不总是高尚纯洁的。“客户并不是完人，所以市场研究人员不应该迎合怂恿他们的不良倾向。要冷静对待他们，但保持他们的热情。”

商家应该明白，现在这些老练的消费者早就能够看穿商家精心炮制的各种广告了。布朗说：“和我们打交道的是非常非常精明的客户。”他分析了人们对广告的反应，得到的结果是：即使最实事求是、直白简单的广告也会受到消费者的怀疑。他总结道：市场营销必须和消费者一样精明老练，要“从更深刻理解人们的需要出发，而不能仅仅停留在对数据的肤浅分析阶段”。吉尔默建议我们：市场营销人员一定要认识到，消费者希望他们“不知餍足的欲望能够得到迎合和满足，甚至受到欲望的折磨。”所以，要响应并满足他们的情绪，“针对不同层次的人群，从设计之初就不要企图满足所有人的期望，因为并不是每个人都希望得到迎合或愿意花钱得到满足。”

或者说，如果消费者真正希望的是商家能激发他们的想象力，那么商家要做的就是提供常变常新的产品，或创造一种神秘莫测的感觉，来激发消费者的欲望，甚至让他们受到欲望的折磨。这里的关键问题在于:只有多种多样的体验才能保持人际关系的活力,商家和消费者之间的关系也不例外。所以,如果你的客户表现出感到厌倦的迹象,一定要重燃他们的激情。记住,越难得到的越能刺激人们的欲望。

为每个主要客户类别组分配一组服务代表,
使他们跨越多条产品或服务线,
促进公司的整体业务发展。

从体验到关系:信任的力量

创造一系列能实现商家承诺并满足消费者不同愿望的体验还不足以建立与消费者的真正关系。例如:一次,英特尔公司开发的芯片出现了一个缺陷,但是公司没有实事求是地承认这个问题的存在并告知消费者,结果造成了不良影响。公司的广告"Intel Inside"本来传达的信息是只有英特尔标志的电脑才值得信任,但是现在消费者却开始觉得这只是空洞虚伪的口号,因此丧失了对英特尔公司的尊敬和信任。

在真正良好的关系中,消费者会认为你的公司值得信赖,这也就意味着你们用真实可靠的组织行为支持着市场宣传。米哈尔斯基说:"你不能只是说'我值得信赖',而是要通过日复一日诚实可信的行动去证明。如果你出了差错，就要老老实实地承认。”只有这样你才能拥有消费者的信任。承认自己的错误很难做到，但是在目前日益透明化的商业环境中，人们最终总会发现你的问题，所以不承认自己的错误就会造成更加严重的后果。

参考阅读

The Experience Economy: Work Is Theater & Every Business a stage by B. Joseph Pine II and James H. Gilmore (1999, Harvard Business School Press)

3. 你真的会利用客户资料吗？ ……

琼·艾尔斯

Jean Ayers

3. 你真的会利用客户资料吗？

琼·艾尔斯

20世纪90年代后期，客户关系管理（CRM）方法系统建立，公司开始认为只要利用技术来根据个体客户的需求剪裁产品和服务，客户忠诚度和公司的利润就会飞速增长。

可是在今天竞争激烈的市场里，客户忠诚度变得前所未有地难以捉摸。麦肯锡公司（McKinsey）近期的一次研究表明，美国无线产业的年客户流动率从1995年的17%增加到了2000年的32%。即使是在不那么容易发生客户流动的行业中，这个变化趋势也同样明显。例如，在诸如百货店等零售企业中，顶级企业的市场占有率下降了10%以上。

因此，很多企业执行人员对客户关系管理的信心减弱也就毫不奇怪了。2001年，贝恩公司针对25个最流行的管理工具进行调查，客户关系管理位列末席。在此后的一次研究中，451名高级执行人员中有20%说他们的公司采用客户关系管理之后并没有实现利润增长,反而破坏了之前长期保持的客户关系。

你尽可以指责客户关系管理技术,但这并不能解决目前令人担忧的问题。专家说,实际上问题很可能并不是出在客户关系管理技术本身,而在于你收集和利用客户资料的方法。虽然采用客户关系管理方法系统是赢得客户忠诚度的重要因素,但是除此之外,你需要做的还有很多很多。

哈佛商学院市场学教授杰拉尔德·萨特曼(Gerald Zaltman)说:"市场营销人员需要把自己的决策建立在经过深思熟虑的坚实的结构基础上。"而更具策略性的资料利用方法就能提供决策结构的基础。在以下文章中,我们将讨论如何科学分析利用个人客户和整体客户的信息,以及如何通过分析客户的选择和行为来发掘客户的态度,并据此更深入彻底地理解客户忠诚度的各个方面。

每个客户能勉强接受的产品和他们真正理想中需要的产品之间存在着差距,我们就要努力缩小甚至消除这个差距。

为什么个人信息和总体数据都需要?

"一对一营销"是唐·佩珀斯(Don Peppers)和玛

莎·罗杰斯（Martha Rogers）在1993年出版的颇具影响力的著作《一对一的未来》（*The One to One Future*）中创造的一个术语，旨在关注个体客户，深入了解最忠实的客户与其他客户之间的区别，充分发扬能提高客户忠诚度的产品价值。在此后的十年间，越来越多的市场营销人员认识到，通过结合规模定制技术、完善的数据库软件和互联网，他们就可以真正将公司承诺的为客户量身订制的产品价值传递给每位客户。

但是，《体验经济学》的作者之一詹姆斯·H. 吉尔默[另一作者为B. 约瑟夫·派因（B. Joseph Pine）]认为，上述技术的应用并没有获得应有的效果，因为“多数实际操作人员采取了一对一营销的概念，但是在应用客户关系管理的时候反而破坏了一对一的效果。他们利用客户关系管理工具来为一个根本不存在的‘平均客户’设计更好的产品和流程，而没有为个体客户提供个性化定制的产品和服务。”

吉尔默举了一个例子：一家大型连锁饭店请客人在住店期间通过房间里的电视填写一份满意度调查表。可是当某位客人对所有的问题都选择了“极其不满意”之后，他在退房时却没有得到任何反馈或不同的对待。为什么呢？因为他的回答被直接传送到中心数据库里，和其他客人的答案放在一起，作为衡量整体营销效果的数据，而没有被当做个人客户满意度的答案来处理。所以，更有效的方法应该是把客人的回答直接传送到前台的相关负责人那里，这样他就可以马上对客户的不满或需求作出反应，为客户提供更好的消费体验。

吉尔默说："公司的目标应该是更多了解每位客户的需求，缩小甚至消除'客户牺牲差距'，也就是每个客户能勉强接受的产品和他们真正理想中需要的产品的差距。"

思科公司(Cisco)的客户意见收集部主任史蒂夫·卡宁汉(Steve Cunningham)也认为，了解每个客户的具体需求和偏好并据此作出反应非常重要，但是他认为同时还需要关注整体数据，也就是根据对个人客户的调查得出的客户平均态度。

他说："假设通过分析客户意见调查的平均值，你意识到你的饭店为客人退房结账的时间过长，这样你就可以采取措施，设计新流程来缩短退房时间，并督促员工关注这个问题。但是在采取了所有这些措施之后，还是会出现问题，例如某天早晨前台经理还是看到很多客人在排着长队等待退房。因为客户平均意见已经提醒经理认识到这个问题的重要性，他就知道必须想办法采取措施，例如从其他岗位调派人手过来帮忙，或者为排队等待的客人提供免费咖啡等。"

也就是说，熟悉了解整体客户数据能够帮助管理者调整对个人客户的反应。

思科公司根据三个层次的客户信息来决定采取哪

些措施提高客户满意度：第一层是每年统计一次的客户整体满意度；第二层是对目标客户群的访谈、后续调查以及与协作咨询建议小组的会议，其目的是针对整体客户满意度调查中的问题找到解决方案（卡宁汉说："这是'挖掘理解'层。"）；第三层是最具体分散的一层，也就是公司的技术支持组与客户的每次业务记录。

为了说明思科公司是怎样利用这三层信息的，卡宁汉举了一个假设情况的例子。假设在某一年，产品可靠性的平均得分略有下降。于是思科公司继续挖掘下面两层信息数据，发现是路由器的电源出了问题。于是公司采取应对措施，并记录每周送出的备用电源零件数量，作为衡量进步的标准。采取措施之后，业务衡量标准，即每周送出的备用电源零件数量可能很快就会下降，但是这个变化却要经过相当长时间才能在年度客户满意率调查中反映出来。

卡宁汉说："所以你既需要整体统计数据，也需要个人业务信息。整体统计数据能告诉你整体的客户关系和满意度如何，公司发展的大趋势和方向是否正确。它还能帮助你分辨哪些个别客户问题对于整体来说无足轻重，以免你因小失大，耗费过多精力在不重要的问题上。而个人业务信息则能提供隐藏在整体数据背后的具体细节。"它能帮助你确定需要解决的具体问题，以提高整体客户满意度。

挖掘深层信息

为提高客户满意度并最终提高客户忠诚度，你不只要同时关注客户个人信息和整体数据，还要挖掘隐藏在客户行为（他们购买的产品、购买过程和购买时间等）表面下的深层信息。沃克信息咨询公司（Walker Information）的研究方法学家道格·格瑞萨夫（Doug Grisaffe）说："必须抓住客户内心隐藏的想法和情绪并将其与外部事实信息相结合，这样你对客户信息的理解才是完整的。"

哈佛大学的萨特曼说："客户关系管理工具能帮你收集到关于客户的丰富信息，包括购买时间和频率、购买量和客户对你公司的意见看法。"这些信息都很必要，但是还不完全：你只凭这些信息还不能了解"为什么客户会有这样的行为和想法，以及他们为什么喜欢或不喜欢你的产品。要获得这个层次的信息，你需要更加深入透彻地与客户进行沟通和互动，这就超出了客户关系管理工具所覆盖的范围"。这要求你开发"对客户的人性化的理解——这种深层次的了解能使你从情感上理解客户的回答，而也许他们谈及的是你根本不曾问过的问题"。

在与客户的一对一访谈中，萨特曼利用"比喻启发法"来发掘人们对某个产品或品牌的观点、感情、意图和经常是无意识的态度。他在自己最近的著作《客户怎么想——对市场的关键理解》(*How Customers Think: Essential Insights into the Mind of the Market*)中解释说，从这些访谈中获得的信息再加上调查和观察，就能综合画出"一致意见图"，这个图表显示了客户基于对某个产品或品牌的体验和感情联系所建立的一系列思想认识结构。

萨特曼为通用汽车公司绘制的一致意见图就体现了比喻启发法获得的丰富信息。不出所料，客户将通用汽车的产品与质量和有竞争力的价格联系起来。但这还不是全部：美国客户还将通用汽车公司与爱国感情联系在一起。他们认为通过购买通用汽车的产品，自己不仅帮助保证同胞的就业机会，而且还从更大的意义上对祖国尽了一份义务。

一旦你理解了这些经常很令人惊讶的观念和感情联系，你就能通过公司传递给客户的信息来进一步加强或改变这些联系。

根据萨特曼绘制的一致意见图，通用汽车公司的国内业务经理重新设计并改善了客户在店内购车的过程体验，并在广告中加入了激发人们爱国主义感情的内容。对于通用汽车的海外营销经理来说，这个任务要更加困难一些，但是却同样重要。萨特曼说：认识到通用的产品在国外消费者之间也会激发与爱国情绪有关的想法之后，海外营销经理们“就想办法强调与所在国家人民爱国情感相关的联系，而不是打美国牌”。

大量的客户信息并不能保证提升高利润客户的忠诚度，你必须确定自己收集的信息是相对有效的才行。萨特曼认为，了解客户行为和选择背后隐藏的态度能使你“在更加牢固的基础上制定和执行提高客户忠诚度的战略”。

4. 网上客户调查 ……

4. 网上客户调查

在数据化的未来，可能每家公司都会利用某种所谓的客户管理软件来收集和分析大量来自客户和关于客户的数据。同时，现在也有很多市场营销人员怀着一个不那么宏大的愿望：利用网络衡量客户满意度和收集客户反馈信息。这件事能做到吗？

简单的回答是：在多数情况下，如果你拥有足够多的客户电子邮件地址或访问量很大的网站，那么你自己就能做到。你可以设计一份调查表，然后发出去或邮寄给客户。或者，你也可以雇用一家专门进行电子调查的公司来替你进行调查，现在有很多这样的公司已经积累了大批固定合作的调查对象。

当然，这类调查公司会很快向你指出网上调查的优势。他们说：网上调查更便宜，更快捷。你不需要邮寄大量信件（或者雇用大量电话调查员）。对于被调查者来说，网上调查的方式更尊重他们的隐私和自由，并且更方便回答。而这两个优势往往能够提高网上调查的成功率。此外，人们在网上更容易坦率回答开放式问题，而调查者也更加容易处理收集到的信息。洛克布里奇公司(Rockbridge Associates)的总裁查尔斯·科尔比(Charles Colby)说:"只要把得到的信息用电子邮件转发给相关负责的经理就行了。"

第一次做调查?小提示:

导航星调查研究公司(GuideStar Communications)提示我们,基本的客户满意度调查应该包括下列内容:

- 整体评价问题,例如客户对你们公司的产品或客户服务的整体评价如何;
- 对服务方面和具体服务内容的评分(快速解决问题、乐于听取客户的意见、建议等),以及历史跟踪评分(与一年前相比服务质量如何);
- 被调查者的个人信息。

但是,科尔比和其他人也承认,不从事网络业务的公司并没有很快采用网上调查形式。一部分是因为受到过去传统做法的影响:采用任何新的调查方法都会产生不同的回答模式,因而新数据就无法与以前收集的数据进行直接比较。但是公司的这种态度也反映了他们对于网上调查结果的代表性的怀疑。毕竟现在还有很多人并不经常上网,他们或是不感兴趣,或是没有方便上网的条件。在美国,与典型的中产阶级白人相比，少数民族、低收入家庭、农村居民和老人的上网率要低很多。

网上调查公司经常忽略这种偏向的影响，认为他们可以利用不同的统计工具来纠正其中的偏差。可是其他人却不这么肯定。统计评价服务公司(Statistical Assessment Service)的调查分析师霍华德·菲恩伯格(Howard Fienberg)说："有很多人声称可以利用统计评价技术来弥补(这个偏向)，但是调查中如果少了那部分人，你是不可能那么有效地用手头的数据完全修正偏差的。也许到将来的什么时候我们可能做到这一点……可是到将来的那个时候也可能所有人都能上网了。"

虽然利用网络进行大众调查可能会有问题，但这却是收集某些特定人群信息的一个最佳工具。网上调查公司"易搜网"(Esearch. com)的创始人珍妮特·韦斯特加德(Janet Westergaard)说："很多客户都是委托我们进行特定人群搜索调查的，他们要找的只是沧海一粟。网上调查的优势就在于，我们可以在一天之内把一份资格调查问卷发给成千上万人，然后找出这个特定的主体。而如果你是打电话做这件事，就需要用很多个星期才能完成。"

例如，易搜网的客户伊莱·莉莉(Eli Lilly)所在的公司为患有无名小病的患者提供治疗服务，伊莱在调查追踪患者时，就发现了网络的无限价值。而市场调查公司常识公司(Common Knowledge)的一位客户希望针对只使用网上银行的人进行调查。常识公司的总裁史蒂夫·拉文(Steve Lavine)解释说:"我们先搜索出使用过网上银行的人,然后将那些既使用实体银行又使用其网上银行的人和那些只使用网上银行的人区分开。只有借助因特网,我们才能做到这一点。"

与易搜网和利伯曼研究公司(Lieberman Research,旗下有 Opinionsite. com)相类似,一些公司能够快速获得准确结果,因为它们并不是随意搜索,而是拥有确定的参与群体。这些参与者已经将自己的具体个人信息递交给调查公司,并表示愿意参加调查。当然,多数调查公司都必须给参与者某些奖励,而这最终会导致成本的提高。就像人们对电话调查越来越不感兴趣一样——有些调查公司报告说电话调查的成功率下降了 40%——他们也可能会越来越不愿意回答网上的调查问题。

虽然利用网络进行大众调查可能会有问题,但这却是收集某些特定人群信息的一个最佳工具。

第三部分

与客户交流

更好地了解客户的需求并根据客户的不同需求划分客户群体，这还不够。还必须利用对客户的了解，通过不同手段更有效地与客户交流，包括正式营销讲座、非正式会面、甚至店内产品展示等各种手段。这部分的文章将为你提供与客户交流的有效方法和技巧。

在以下文章中，你将了解如何采用各种交流方式来满足大众客户的需求，包括人与人之间的沟通、客户的选择自主权和与同类人群的相关感受相同。你还将学习各种策略，以避免一个极其常见的陷阱：在与客户交流的时候以己度人，认为客户与你一样。

1. 瞄准客户的真实需求 ……

道格拉斯·史密斯

Douglas Smith

1. 瞄准客户的真实需求

道格拉斯·史密斯

以前，营销人员只要学会怎样推销自己的产品，就可以一劳永逸地永远按照这个方法销售产品，可是这样的日子已经一去不复返了。今天，要做好营销工作，不仅要了解产品，还要与客户不断有效沟通。可是，客户真正想听到的是什么呢？

根据论坛公司（The Forum Corporation）的一份最新市场调查报告"世界顶尖企业的营销有效性"得出的结论是："客户希望销售企业能表现出对客户业务、目标、组织、客户、市场和竞争对手的了解。"也就是说，你越能全面了解和满足客户的需求，你的销售就会越成功。

创造能力、自主权和归属感，以刺激购买行为

近期一个关于人类动机的研究揭示了客户内心的真实愿望和需要。研究的中心理论叫做"自我决定理论"，集中探讨人类的内部动机，即人类的自然活动和好奇心会自我决定某些行为，而这些行为本身就会带

来内心的满足感。福特汉姆大学商学研究生院的教师、企业营销顾问保罗·巴尔德(Paul Baard)讲解了这个理论在营销工作中的应用。借助罗切斯特大学心理学家爱德华·L. 德西(Edward L. Deci)和理查德·M. 瑞安(Richard M. Ryan)的研究工作,巴尔德认为,人类要产生内部动机来采取某个行动(例如购买某种产品或服务),需要满足三种内在心理需要:能力——知识或能力的增长,自主权——不是由于压力或劝诱而采取行动,归属感——感觉真正被关心。

这个理论对营销人员的意义是:首先,要提供与客户需求真正相关的有用的信息。注意,这里最关键的是"有用",不要用繁冗无关的信息给客户造成负担。其次,要尊重客户自主决定购买的权利。不要使用陈旧的汽车展示厅策略,而是要向客户表明你的产品或服务能带来什么益处,然后让客户自己决定。再次,与客户建立并维持以服务为中心的关系,让客户感到他的业务需求和你满足其需求的能力之间是相互关联的。这是一项长期工作,你要一次次通过努力向客户表明,你的产品和服务质量可以信赖和依靠。

那么,怎样才能达到这种理想状态呢?通过不断与客户交流沟通。与客户交流的一个主要方式就是演讲。然而不幸的是,演讲是一种最充满压力、也最容易出现意外问题的商业营销活动。但是,就像其他任何技能一样,营销人员也可以通过努力学会成功演讲的方法。你也许永远也不会热爱它，但你可以变成擅长此道的专家。以下提供了一些方法技巧，帮你以十分的热情完成这项既关键又艰难的任务。

创造归属感

第一项最重要的工作：调查研究

做了调查研究，你就有了牢固可靠的基础；不做调查研究，你就面临陷入流沙的危险。论坛公司的销售和服务市场副总裁特德·希金斯（Ted Higgins）和产品营销主管达尼拉·塞克利（Danila Szekely）都强调了提前计划的重要性。成功的营销讲解人员能够收集到有针对性的客户相关信息，了解客户的业务情况，并且站在客户的角度考虑问题。希金斯指出："营销演讲的提前预备工作就是顶尖成功者和成绩平平者之间的区别。要在向客户介绍时获得成功，你就得在竞争中拥有自己的优势。"而这个"优势"的很大一部分就是通过提前准备获得的。塞克利补充说，成绩最好的营销人员会持续关注客户的业务情况，采用客户的语言（而不是专业的销售术语），并且能向客户讲清从头至尾的发展情况和最终可能的结果。

大幕拉开时你应该怎么做?

专门进行商业演讲和营销培训的咨询公司B&B协会的一位负责人马乔里·巴伦(Marjorie Burren)说:“多数人宁愿痛快去死也不愿意站在一大群人面前讲话。”以下的五点练习能帮助你镇静自如地面对众人,成功演讲:

- 自信地走到前面去。
- 双脚稳稳站在地上,抬头挺胸。
- 深呼吸。
- 看着听众,与一部分听众进行眼神交流。
- 微笑,开始演讲。记住,在你开口讲话以前,听众就已经开始形成对你的印象了,所以一定要反复排练走到众人面前的过程,直到能够自然完成为止。

用适合的论据组织论点

你是在销售一种新的软件产品吗?多数人会采用描述的方法来销售软件——产品什么样子,有什么功能。你应该把描述和需求,以及满足需求的方法结合起来,先指出客户公司的一个需求,然后说明你们的产品可以怎样满足这个需求,这样你就会更有说服力了。

采用能吸引听众注意力的开场白,但要保证与演讲主题有关

虽然像"乔·迪玛奇奥在13年的职业生涯中仅仅出场369次"这样的开头也许很吸引人,但如果这和你客户的业务需要毫无关系,那也是没有意义的。

提升能力

别忘了直观的表现方法

演讲中明确的表达和简洁的中心可以提高能力,因为这样能让听众更容易理解你的演讲内容。世界领先咨询工程公司美国柏诚集团公司(Parsons Brinckerhoff)的高级副总裁和营销策略主任乔治·弗里德尔(George Friedel)在过去的25年里参加了500余场演讲。他的观点是:"听众能记住的演讲部分是他们看到的内容,而不是听到的。"因此,为演讲设计的图表必须简明清楚,可以独立理解,完整传达信息。幻灯片的标题应该是一个短句,包括"特征"、"动词"和"益处"等内容。例如,"我们的设计能节约成本"比典型的"设计元素"要有效得多。很多演讲培训师和咨询师利用"5×

5”规则来帮助保证演讲的明确简洁：在一页文字幻灯片里，只用5行，每行5个字。在这里，字越少，效果越好。

迅速用标题表明你的主要论点

每个标题用10秒到15秒。如果超过这个时间，听众可能就会失去耐心和兴趣了。用标题表明主要论点之后，你就可以展开说明，添加更多细节，用比较、类比、数据或其他材料来丰富你的讲解。例如，你可以直接告诉客户，你们的软件产品能生成详细的库存清单报告，因此能帮助客户公司节省时间和金钱。但是如果你能讲述这个软件在其他类似一家公司里发挥作用的实例，那么对于客户来说将更有说服力。

结尾要明确清晰

你应该提前写好结束语，并进行排练，这样你才能在演讲结尾时避免漫无目的地闲谈，而是直接明确、一语中的。

保证客户的自主权

像和邻居谈话一样对待客户

一旦开始演讲，你只有30秒到60秒的时间来赢得听众。例如，最初的眼神交流至关重要。柏诚集团公司的弗里德尔讲了这样一个故事："在一次演讲彩排训练中，演讲者看着屏幕逐字逐句念出幻灯片上的话，而始终不愿转过来面对听众。甚至当我用手挡住投影仪镜头的时候，他仍然面向屏幕，看着想象中的幻灯片。于是我喊了停，然后把他带到另一个房间里。他承认：'自从中学第一次约会以后，我从来没这么紧张过。'我建议他把这演讲想象成拿着啤酒站在后院和邻居聊天：'你和邻居聊天不用看提纲吧？'他同意我的说法，然后镇静下来，成为了那一组里最成功的一个演讲者。"所以，你可以把业务演讲想象成是和熟人在聊天，是和每个听众的一对一交流。

利用自信的肢体语言

如果你充满自信和自尊，你的听众也会以尊重的态度回报你，同时赢得自主的感觉。反之，过分拘谨紧张的肢体语言也能毁掉一次原本应该很成功的演讲。南卫理公会大学商学院商业领导力中心主任葆拉·希尔(Paula Hill)记得,有一家大型金融咨询公司的执行副总裁,虽然是行业的专家,但并不是成功的演讲者。这是因为她演讲的时候肢体僵硬,声音紧张尖细,表情严肃,没有一丝微笑,还紧握双拳。"分析了她的演讲录像之后,我们设法帮助她在演讲时放松身体,注意和听众的眼神交流,适当微笑,并加入适当的手势。当她站在客户的角度看待演讲之后,她就放松下来,声音变得柔和,她的演讲效果得到了明显的改善。"

整体综合

成功的营销演讲需要结合艰苦的准备工作和对听众的深入理解。你的演讲目的应该是最大程度地激发客户的能力感、自主权和归属感,同时用自信放松的肢体语言加以辅助,这样你的演讲才能获得成功。

参考阅读

Why We Do What We Do: Understanding Self-Motivation by Edward L. Deci and Richard Flaste (1996, Penguin Putnam Inc.)

The Sales Bible by Jeffrey H. Gitomer (1994, William Morrow Books)

2. 你能真正和客户沟通吗？ ……

理查德·比尔克
Richard Bierck

2. 你能真正和客户沟通吗？

理查德·比尔克

要吸引零售客户，你必须知道什么能打动他们。那么，还有比研究客户实际行为更好的了解客户的方法吗？

现在，商家花费大量金钱来量化分析消费者的行为。对于咨询师帕科·昂德希尔（Paco Underhill）来说，这种观察消费行为的工作就是他赖以为生的基础，因为他所在的市场研究公司环境销售公司（Envirosell）已经进行了20年零售业消费者行为研究工作。

昂德希尔认为，学术市场研究太过理论化，但是有些研究却支持了他基于实际常识得出的结论。类似情况也出现在哈佛商学院市场学教授杰拉尔德·萨特曼（Gerald Zaltman）身上，他致力于定性的质量研究方法，结果这个领域充斥了量化研究。昂德希尔专注于消费者在做什么，而萨特曼却集中研究消费者为什么这么做。

不过，这两种研究方法都给制造商、零售商、营销人员和商业开发人员提供了大量启示和帮助。对于那些希望向消费者更有效地传达信息并通过了解消费者获取更大利益的商界人士来说，他们应该认真听取昂德希尔和萨特曼的观点和建议。以下就是他们提供的与客户沟通的方法诀窍。

仔细检查你发送出的信息

你发出的信息是不是针对目标客户？你的信息是否能有效传达给客户？很多沟通交流问题都源于市场营销人员幼稚地认为沟通对象是和自己完全一样的人。例如，很多零售商都会忽略国际、语言、民族和年龄差别等问题。

昂德希尔说："我最近发现巴黎的咖啡馆都有了用五种语言印制的餐单。可是在南佛罗里达，虽然聚居着很多西班牙裔的居民，那里的餐馆却没有西班牙语的菜单。"而在华盛顿特区，有些百货店的"顾客百分之百是黑人，店里却有几百种适合白人的商品"。

现在的劳动市场上似乎年轻人占据了主导地位，尤其在市场营销行业里更是如此，美国现在却非常缺乏懂得向老年人推销的人才，可是 20 世纪 50 年代美国人口大爆炸的那一代人现在正处于老年期，占人口的很大一部分。昂德希尔说："有时候针对老年人的营销就是要学会礼貌。比如说，如果某个网站字体细小花哨，让我根本没法看清，或者我打了电话却无法得到服务，这就是问题。”现在有很多商店的招贴标志的字都非常小，让很多顾客——尤其是年长的顾客——都看不清楚，所以造成了损失。

不要过度依赖焦点团体

萨特曼说：“对焦点团体的利用有点儿像锤子定律。你教孩子用锤子，他就会看什么东西都像钉子。其实，你很难从焦点团体得到深层次的认识，因为人们倾向于假设你想听到什么，然后就那样说，所以他们很难暴露自己的真实想法。而且因为每个焦点团体里有8个到12个成员，所以每个人说话的时间不够多。对于人与人之间的交流来说，有效的人数上限是3个人。”

所以，你应该雇用专业访谈员去发掘有代表性的客户购买动机。访谈员应该注意不要给被访者提供暗示，以免他们按照你所希望的方向去说——这个常见的错误会对客户调查和访谈的结果造成毁灭性的破坏。

在店内区域使用最好的客户沟通手段

昂德希尔发现，顾客们一般不会注意零售店入口处陈列的商品或广告，因为这是顾客从快速的停车节奏过渡到店内较慢的购物速度的一个“转换区”。因此，你放在这个区域的很多广告或信息是不会被顾客接收的。

有些商店会在这个区域设置障碍，例如比较矮的折扣商品专架，这种专架不会阻挡顾客看到店内整体情况的视线。但是这样做也有风险，因为顾客有时候会仅仅拿了便宜商品就走，而不再花时间去挑选较高价格的商品。

促进顾客之间的交流也是营销手段

昂德希尔还发现，如果零售店的环境能促使共同购物的顾客之间更多交流，那么也会促进销售。有着优美灯光和装饰的舒适愉悦的环境不仅能吸引单个购物者，也会让成群的或成双成对的购物者流连忘返，当他们停下来谈论陈列的商品时，就可能购买更多商品。

理解顾客的心路历程

萨特曼说："多数商店经理的注意力都集中在货架和收款台之间，所以才投入大量成本进行研究和包装设计。这当然很重要，可是对于顾客来说，他们购物的心路历程要长得多，而商店只是其中一点。"

他举例说，当一个人需要购买旅行箱时，他考虑的是带着这个旅行箱去度假。"他要想到带上干净的衣服，准备好汽车，安排好整个旅程，而所有这些都会对购买旅行箱的行为有所影响。但是商家经常忽略这些购买的初始根源。"

萨特曼认为，通过探索消费者将哪些形象与某种产品或服务联系起来，就能发掘出隐藏在购买动机之下的深层情感。他的专利方法"萨特曼比喻启发技术"(ZMET)就是在调查访谈中，请接受访谈的对象根据所谈及的问题选择最能表现他们想法和心理状态的形象。

客户选择的形象能反映出一系列心理情感和情绪。萨特曼说："这是因为在购买的整个心理历程的每一点上，都是既有痛苦又有快乐，它们紧密联系，互相引发。例如，结款员可能让人感觉不快，但他的某些善意行为也可能让顾客产生正面的情感。可是如果这个顾客买了某件商品带回家给孩子，但孩子不喜欢，那么他很可能把购物时的愉快感受抛到脑后，而被笼罩在挫折郁闷的情绪下。”

花时间从数据中挖掘深层含义

营销人员经常会理所当然地认为数据就是数据，它的意义就摆在明面上。可是实际情况往往不是这样的。数据可能会显示出某种情况，但是却不一定能告诉你其中的原因。而那些妄自猜测原因的人经常会找错方向。

萨特曼说：“人们经常会误认为拥有大量数据就是深入了解了客户。还有一个误解就是认为不需要花太多时间去理解数据中的含义。”

他说，成功了解客户心理的那些公司都是“花费了大量时间从数据中挖掘深层含义的。他们明白，自己必须向更深的地方挖掘，投入更多的想象力。多数经理人不愿意花费这么多时间去思考。可是想一想，如果一个外科医生以这样的态度对待手术，他们是不可能信任这个医生的，同样，如果一所学校和他们的公司风气相似，不鼓励学习和思考，他们也是不可能把自己的孩子送到那里去上学的”。

参考阅读

Why We Buy: The Science of Shopping by Paco Underhill (2000，Touchstone)

3. 与客户沟通 ……

3. 与客户沟通

什么是和客户沟通的最有效方法？自从第一个洞穴人把他住过的、烟熏火燎的、长了虫子的洞穴卖给隔壁的邻居，这个问题就一直困扰着市场营销人员。你争取的是短期销售成功吗？你追求的是长期固定关系吗？你是出售所有你能想得到的产品，还是让顾客表达他们的需求？到底什么方法效果最好呢？以下介绍三种不同的模式。

礼貌待客式，技巧推广式，还是个性服务式？

我们用一个简化的例子来说明这三种模式：柠檬汁小摊。简、杰西卡和朱迪每人经营一个柠檬汁摊。当你到简那里去买柠檬汁时，她会用礼貌的微笑迎接你，然后一边为你装柠檬汁一边和你聊聊天气之类无关紧要的话题。简的模式就是“礼貌待客式”。而杰西卡则会根据预先设计好的程式来为你服务：“您好，您要点儿什么？柠檬汁？好的。您知道我们现在的常客优惠活动吗？您只要每个月花 75 美分，就可以每天都享受到 80 度以上的热柠檬汁。我为您登记好吗？”杰西卡采用的就是“技巧推广式”。

第三个摊主，朱迪，则会发自内心地问候你，然后和你讨论你的饮食健康需要。哪种最适合你，有糖的还是无糖的柠檬汁？你是不是有糖尿病，或者在减肥？朱迪会为你专门设计适合你的个性服务。你离开她的柠檬汁摊时觉得自己可能对摊主透露了过多个人情况，不过她的确了解了你对柠檬汁的特殊要求。朱迪就是“个性服务式”的代表。

这三种模式中哪种适合你的业务？哪种能发挥最好的作用？与每种模式相关的潜在问题有哪些？这方面的研究得出的一些结果恰恰与我们的直觉相反。

零售业的一个问题就是营销人员发出的语言信息和非语言信息之间要保持一致。只要语言信息和非语言信息能保持一致，那么这三种模式就都能发挥很好的作用，而有些研究表明，技巧推广式能带来最高的收益。

可是如果语言信息和非语言信息之间出现了不一致，那么消费者倾向于只相信非语言信息。因此，假如销售人员经过培训后使用礼貌的语言，可是他的肢体语言却表现出他内心隐藏的对这份工作的反感，那么即使他采用了礼貌待客式，也不会产生好效果。同样，如果销售人员内心存有敌意或漠不关心，那么技巧推广式也无法发挥作用。看起来似乎只有个性服务式足够强有力，能保证语言信息和非语言信息之间的一致，这也许是因为这种模式要求较长时间的直接交流互动，能使销售人员和客户之间建立更深层次的关系。

当语言信息和非语言信息之间出现不一致时，消费者倾向于只相信非语言信息。

销售人员进行的语言交流中最重要的就是开场和结束告别，这是因为人们倾向于记住交流过程中最先和最后听到和看到的。所以，最初见面问候时的礼貌和结束时的致谢就是销售人员能做到的最重要的语言交流。

礼貌的服务可以通过时间、空间和语言上的表述直接性来加强。时间上的直接性指的是迅速对走近的顾客作出反应。例如，一项研究表明，在顾客走到银行出纳台 3 英尺以内的距离后，银行人员必须在 5 秒钟之内作出反应，这样顾客才会认为自己受到了礼貌的接待。

加强空间的直接性指的是：在适当的社会文化礼仪行为范围内尽量接近顾客。而语言的直接性则是指直接明确地回答顾客的问题，不要用诸如“我不是这个部门的”或“我不负责这件事”之类的语言来搪塞了事。语言表达的细微差别就会造成顾客理解和感受的巨大差异。例如,用“我们应该一起努力解决这个问题”来代替“这个问题需要处理”,会让人感觉更加礼貌和真诚。

在技巧推广模式中,研究人员已经明确找出了15种方法来控制顾客与销售人员直接的交流,从而达到理想的结果。承诺,威胁,道德吸引力,正面评价,负面评价——这些方法利用了人类的所有心理弱点。我们希望被人喜欢,我们不想在交易中吃亏,我们希望被看做成功人士和“时尚先锋”——而营销人员就是学会了怎样利用这些心理需求,将它们转化为推销时的有力武器。研究表明,多数方法都遵循一个标准模式:首先引起注意,然后产生兴趣,再激发愿望(来自于任何一种人类心理需求),最后转化为行动。也就是说,你首先要让顾客注意到你的商品,然后使顾客在心里产生兴趣,然后把这个商品和顾客的某种愿望联系起来,最后推动顾客实现购买的行动。

研究表明,在这个交流过程中,有很多非语言的方法可以控制人类隐藏的深层情感。例如,一项对鸡尾酒侍者的研究发现,平均来说,用开朗笑容迎接顾客的侍者得到的小费要比那些只略微露出一点笑容的侍者得到的多两倍。

同样,在找零钱时碰触顾客的手掌或在点菜过程中碰触顾客肩膀都能多得到10%的小费,接近顾客或蹲下来平视顾客也能增加小费。

总体而言,个性服务式似乎是最有效的一个模式。

这种模式需要更多的培训和努力，而且和其他模式一样，营销人员不自觉的偏见也会影响这种模式的效果。对零售业的调查显示，胖人、衣着寒酸的人（在性别、种族、阶级或年龄上）与销售人员不同的人、态度激进或不擅社交的顾客与其他顾客相比，得到的服务不那么直接、尊敬和礼貌。与男性相比，销售人员为女性顾客服务时虽然礼貌程度上不一定有差别，但是往往速度较慢。而身体残疾人士则会比身体健康的人得到更多关注。在所有这些情况中，我们都需要通过大量培训来帮助销售人员消除态度上的差别。

参考阅读

Communicating with Customers: Service Approaches, Ethics, and Impact by Wendy S. Zabava Ford (1998, Hampton Press)

4. 胡萝卜和大棒之外 影响客户行为的新方法

弗朗西丝·弗赖

Frances Frei

4. 胡萝卜和大棒之外——影响客户行为的新方法

弗朗西丝·弗赖

特殊优惠、服务费、集资活动——这些都是企业试图影响客户行为的举措。在历史上，影响客户行为的两种基本方法就是"胡萝卜和大棒"，可是现在有些公司用其他方法也获得了成功。

这些所谓的"规范性"方法利用了同等人群比较的压力和其他社会控制规则，其实都属于最古老的技巧。这些方法通过借助范围更大的人群的集体力量，建立人们对某种产品或服务的信任。在合适的条件环境下，这些方法能够带来相当可观的收益。

理解现有的选择：工具性控制还是规范性控制

"胡萝卜和大棒"更正式的名字叫做"工具性"控

制，即用某种奖励或惩罚来促成期望的行为。

例如，假如你保持了你银行账户的最小结余，你的银行可能会在正常收费的基础上为你减免费用。银行给你这根“胡萝卜”是因为它可以利用你的结余赢利，而其中一部分赢利就可以负担你的服务费。而同时，银行会对每笔联网外 ATM 机取款业务收取费用，因为银行要承担这类交易的成本费用，所以就利用手续费的“大棒”来尽量减少此类交易，并用手续费来弥补相关成本。

但是，作为新近崛起的低成本航空公司，美国捷蓝航空公司在努力加快飞机在登机口周转速度以获得带来赢利的高效率时，却没有采用工具性方法，而是选择了规范性控制。

在飞机周转的过程中，机舱清洁是一个关键环节。捷蓝航空公司知道乘客普遍愿意支持公司，于是就请每位乘客在下飞机之前把自己所在的区域清理干净。公司既没有为打扫干净的乘客提供优惠券，也没有对留下脏乱环境的乘客处以任何罚款，而只是告诉乘客们，他们的支持合作能够帮助公司保持机票的低价。

对于这个要求，乘客们都积极响应——即使有些乘客本身并不热衷于帮忙，但他们也不愿意表现得太过分，让别人认为自己拖了后腿。就这样，在其他很多航空公司为生存苦苦挣扎时，捷蓝航空公司却保持着低成本的模式，并获得了赢利。

利用集体的力量

成功的规范性控制利用较大规模人群的集体行为规范获得可信度，通过积累集体的持续经验，可信度不断得到巩固和增强。几十年以前，多数商人都习惯戴帽子，所以人们就认为进入室内而不摘下帽子是不礼貌的行为。这并不是法律，而只是一个社会行为规范：进门脱帽就是一个正确礼貌的行为。虽然违反规范的后果只是受到社会上其他人的鄙视，但是大家还是广泛地遵守这条规范。

今天，人们已经不那么愿意遵守这样大范围的社会规范控制（看看现在有多少人在屋里还戴着帽子），但是在较小的环境里，社会行为规范还是具有强大的控制力量。

不过，现在人们需要更明确地知道为什么要遵守某个行为规范以及这样做的益处，同时，还需要有愿意负责巩固执行这个规范的集体。

看一看多伦多的肖尔代斯医院（Shouldice Hospital），我们就能理解规范性控制发挥的作用了。这家医院只做疝气手术，与其他做同样手术的医院相比，肖尔代斯医院的成功率要高很多，赢利也更多。

这家医院的成功一部分来自于它特殊的医疗条

件：医院的设施是专为疝气患者设计的，而且医院也只接诊患疝气的病人。不过这还不是它成功的全部秘诀。

在肖尔代斯医院，大家认为治疗过程不仅限于手术本身，术前和术后的情况都会极大地影响手术的成功。而为了保证整体的成功，医院依靠的是患者的集体，也就是它的客户群。

客户必须知道遵守或破坏行为规范会带来什么后果。

例如，肖尔代斯医院希望每位病人都可以成为其他病人的"疝气老师"。病人们负责入院适应的工作，还互相帮助，做好术后的恢复工作。同时，医院还组织康复患者的聚会联欢活动。

这些工作使患者形成了一个值得信赖的集体，他们帮助新来的病人了解应该怎样做才能提高手术的成功率。通过促进这个患者集体的社会能力，肖尔代斯医院使更多患者遵守了最佳配合行为，并且极大地提高了疝气手术的整体成功率。

利用规范性控制改善质量

网上拍卖网站 eBay 在发展过程中遇到了质量控制问题。虽然 eBay 的技术可以把世界各地的很多买家和卖家联系起来，但是如果客户对网上买卖的情况不满意，那么 eBay 的未来发展就会受到威胁。由于信息的快速流动就是这个交易环境的特征，所以 eBay 自身没有办法在不影响信息流速的情况下监管网站上成千上万的交易。

那么，怎样才能保证为人们提供一个安全交易的商业环境呢？

解决方法是：让买家为卖家打分，并把评价在网站上公开。通过这个评分系统，网上交易集体就能制定并巩固属于他们的行为规范。买家因为可以依靠更大范围的同行的经验，所以增强了网上交易的信心。同时，卖家知道如果让买家感到不满，就会造成不良后果。正因为 eBay 的这种低成本政策机制为网上服务设定了如此高的标准，以至于有些公司发现，只有他们在网上提供的客户服务必须比非网上的还要好，才能达到客户期望的标准。

借助社会力量规范行为要求相关个人之间具有某种联系。

再看看北美租车公司 Zipcar 的例子，它也能说明规范性控制的有效性。这家公司共享所有会员的汽车，然后以小时或天计算分时出租。顾客可以预订在某个时间从城里某个地点取车。和传统的汽车租赁公司不同，Zipcar没有一个集中的停车场。

Zipcar不仅要求客户按时还车，而且还要求他们不在车内吸烟、不带宠物上车，并且在还车时保证车辆清洁、油箱里加满油。公司并不派人监督客户使用车辆的情况，而是依靠客户为了让彼此满意而自觉遵守规定。事实上，根据Zipcar的一份官方报告："绝大多数客户——95%以上"都明白遵守规定带来的益处，并且很愿意这样做。

Zipcar还进行了很多加强客户集体感的工作，包括发送幽默通信和在假日组织客户参加慈善食物分发活动等，这些都能强化客户之间的感情联系。公司业务增长的20%至25%都来自于客户之间的相互介绍，由此可以看出，公司的策略取得了良好的效果。

虽然如此，但是也不能总是只靠规范性控制来达到目的。Zipcar也执行了超时收费的制度——到目前为止，共有不到5%的客户交过超时费，而且公司还在考虑对多次超时的客户大幅度提高罚款标准。Zipcar的一位发言人说："没有一种方法是适合所有人的。对于有些人来说，罚款是必不可少的规范手段。"

在什么情况下规范性控制效果最好？

基于以上公司的实践范例，我们可以推断在哪些情况下规范性控制能获得最好的效果。

客户希望与众不同

以上我们谈到的公司提供的产品或服务都与竞争对手的传统做法不同，从而能满足客户希望与众不同的愿望。如果客户认为遵守规范能帮助新的做法取得成功，他们就会愿意服从规范性控制。公司的成功会肯定客户选择的明智性，所以客户愿意帮助公司取得成功。

客户之间结成了相互依存的集体

借助社会力量规范行为要求相关个人之间具有某种联系。在捷蓝航空公司的范例中，这个联系是空间上的——乘客在飞机上坐在一起。而在 eBay 的业务中，客户之间的联系是虚拟的。但是，在这两个范例中，客户都能看到遵守或破坏行为规范带来的后果，于是他们就会自然而然地采取能获得其他人赞同的行为。

公司和客户之间非常信任

如果肖尔代斯医院在向患者讲解术后恢复措施时，是通过播放由演员拍摄的影片示范，这样做的可信度就远不及由真正的患者来传递这些知识，因为他们是不存在其他动机的同类人。

第四部分

提升客户忠诚度

了解客户的一个重要好处就是这种理解能提升客户的忠诚度。以下文章将详细讨论客户忠诚度，包括为什么客户忠诚度很重要、怎样衡量以及提升客户忠诚度。

在以下文章中，你将了解怎样衡量一个忠诚客户带来的终身价值，怎样将新客户变成固定的业务伙伴。还有一部分文章则解释怎样找出造成客户流失的原因并加以改进，以及怎样利用客户关系管理方法技巧来进一步提升客户忠诚度。

1. 你知道客户对你的真正价值吗？……

尤塔·沃纳

Uta Werner

1. 你知道客户对你的真正价值吗？

尤塔·沃纳

近些年来，经理人感到了衡量每位客户终身价值的紧迫性。这的确是一个需要认真对待的重要问题，已经有大量经验说明现在有很多公司花费了过多精力和成本去赢得或留住获利不多或甚至无利可图的客户，而同时却忽略了能带来更多利润的客户。

如果一家公司能够真正理解每位客户的终身价值，它就能增加、扩展和延长与创造价值最多的客户的关系，同时尽量减少造成损失的客户，从而实现自身价值的最大化。

要衡量客户的终身价值，经理人必须判断每位客户未来将会带来多少收益，再减去预计用来赢得和保持每位客户所需的成本。但是，在现实情况中，很少有公司能够真正知道客户的终身价值，而其中的障碍就存在于公司的组织形式、决策过程和信息追踪工作。

不过，我们仍然有办法克服这些障碍，更好地理解客户的内在价值。虽然内在价值不像客户的终身价值那样精确，却也可以提供强有力的基础，帮助经理人作出更合理的、以客户为中心的决策。

本文就提供了一个这样的方法，我们称之为客户感知价值（CPV）。这种方法具有很强的实用性，能够在大大降低复杂性的基础上提供与客户终身价值类似的启示。此外，这种方法还能成为将来衡量管理客户终身价值的基础。

客户感知价值能够衡量某种产品和相关服务在某位典型客户整个使用期间所创造的全部经济价值。

判断客户价值的一个新方法

判断客户终身价值如此困难，那么我们到底应该怎么做呢？很多公司回到传统方法，以时间段（月，季度，年）为单位统计产品或客户群创造的利润。而这种方法的问题是，即使最准确的阶段利润衡量方法也无法掌握某个产品对公司的整体价值贡献。

现在以一家美国诊断医疗设备供应商为例。一般来说，这家公司向医院出售血液分析仪之类的仪器，还提供检验试剂、校准溶液、维修服务和其他与医疗设备相关的产品。

设备本身的价格竞争比较激烈，因为购买设备是医院的一项主要开支，因此仪器制造商都在竞争中各展所长，努力争取获得订单。

但是，如果只看一年中卖给医院的分析仪带来的利润，这是不对的，因为这种做法不能掌握由出售分析仪所创造的相关产品和服务带来的总体利润。

而在考虑与血液分析仪业务相关的其他策略（包括对新机型的研发投资、定价策略和营销市场资源分配等）时，管理人员很可能因为没有考虑到相关产品和服务带来的利润，所以无法作出最佳决策。

客户感知价值（CPV）怎样改变了一家公司的经营模式

利用客户感知价值衡量方法，本文所述的医疗设备公司明确掌握了每个客户带来的赢利，而且对这个结果感到大为惊讶。一项高层报告表明，大型分析仪在使用期间能够产生经济收益，但是小型血液分析仪却不能在售后阶段创造足够多的价值来弥补销售时的损失。

再深一层，生产商进一步把小型分析仪的客户从不同角度分组，其中包括分析仪在医院环境中的使用情况等。这样分组后，管理人员发现小型分析仪在用来进行收费较高的非标准血液测试(例如用于少数患罕见疾病的病人)时,能够创造最高的收益,因为检测试剂的利润率很高。

通过这些分析,公司大幅度改变了小型分析仪的经营模式,考虑对小型仪器采用一系列新策略,包括:

●对分析仪、产品、服务的整体销售实行不同的定价政策;

●将分析仪的生产外包以降低成本;

●采用低成本的销售和分销方法。

根据以上分析结果,公司决定专门销售用于非标准检查的小型分析仪,并投资研发适用于罕见疾病的新试剂。

衡量产品整体使用期间的客户价值

通过衡量某种产品和相关服务在某位典型客户整个使用期间所创造的全部经济价值,客户感知价值方法能够帮助我们避免类似上述医疗设备公司面对的陷阱。例如,这个方法可以衡量一种汽车、复印机、剃须刀或信用卡在被客户使用的整个期间给公司带来的全部赢利。在衡量汽车价值时,这种方法会包括维修服务、保单、零配件和其他相关服务带来的整体收益。

在一般的统计某种或某类产品年赢利率的基础上，准确统计某种产品和相关服务在典型客户多年使用的全过程中创造的收益，可以成为重要的补充数据。

客户感知价值帮助我们理解公司与客户之间关系的重要意义，并帮助管理人员开始将公司由以产品为中心转变为以客户为中心的现代企业。

怎样统计客户感知价值

在统计客户感知价值时，一般有以下三个步骤。

1. 统计客户信息。

统计一个或多个典型客户信息：

- 最初购买的“主要”产品是什么？
- 此后陆续需要哪些相关产品和服务？

2. 收集数据。

统计客户购买的主要产品及所有相关产品和服务的经济利润信息，包括净价、整体成本和所占用的资金等。

3. 绘制时间表。

结合客户使用信息和相关经济信息，绘制一份利润时间表。用利润减去所消耗的资金就得出了客户感知价值。如果得出的是正值,那么这个客户对于公司来说就创造了价值。

实现目标

当一个企业可以熟练应用客户感知价值方法后,它就朝着衡量和管理客户终身价值进了一大步。要实现这个最终的目标,还需要经过三个主要步骤。

1. 不再计算假设的"典型"客户的客户感知价值,而是去统计真实客户带来的实际收益,直到获得每个客户的感知价值数据。

2. 在比起初设定的"相关"产品和服务更大的范围内追踪客户感知价值。这样,一个客户的感知价值数据最后就会包括这个客户从你公司购买的所有产品和服务。

3. 不断延长统计的时间段。

和所有实际操作的方法一样,客户感知价值方法也有自身的局限性。可是和统计客户终身价值这个艰巨的任务相比,客户感知价值方法还是提供了一个更加有力而且容易实现的入手点,为我们指明了一条更清晰的道路,帮助我们最终捧得客户中心管理的圣杯。

2. 听吉尔·格里芬讲关于客户忠诚度的五个问题 ……

2. 听吉尔·格里芬讲关于客户忠诚度的五个问题

公司留住客户的时间越长，客户就越可能带来更多利润。但留住客户却是个问题，一般来说，客户流失更容易发生在初次购买后。那么，怎样才能把初次交易的客户变成长期保留的常客呢？针对这个问题，《哈佛管理前沿》对咨询顾问吉尔·格里芬(Jill Griffin)进行了专访，他曾经为很多公司提供咨询帮助，其中包括戴尔计算机公司、德勤公司、超威公司(AMD)和美国地铁公司等。

(1)为什么客户流失特别容易出现在初次交易之后？

公司最好把初次交易的客户作为试金石：他们希望在购买之后能够证明自己作出的决策是正确明智的，尤其如果购买的是昂贵的或大宗的产品，他们更需要感到安心。所以，如果他们遇到任何售后服务的问题,例如缺少产品零件或服务速度过慢,他们就会后悔自己作出的决定,不太可能再次从同一家公司购买产品。而且,如果客户仍然同其他的供货商保持着关系,那么他们就很容易回到以前合作过的公司去,成为流失的客户。

(2)怎样在初次交易后培养客户的忠诚度?

你需要追踪公司能够"接触到"每位客户的每一步,不只是接收和完成订单,还包括开票、返还和售后服务等各项工作。管理人员应该站在客户的角度想象每个接触点,并且考虑"我们怎样才能协调这些点的工作,让客户体验到顺畅完美的服务?"当客户在和你公司的所有这些接触点都体验到顺畅优质的服务后,他们就会感到自己受到了重视,从而肯定自己作出的决定。而且随着客户越来越认识到自己对你公司的价值,他们就会开始期待更多的心理回报。

(3)今天的一系列购买渠道能提供培养客户忠诚度的新机会吗?

当然能。最新的研究表明,客户从一家公司购买时所使用的渠道越多——例如,免费订购电话、网站、店面等,他们就会对这家公司越忠诚。我建议公司建立跨部门团队，从客户的角度考虑怎样利用不同的购买渠道，将他们的想法综合起来，就能理解客户的整体购买体验，并设法不断对其加以改进。

渠道协调还能帮助公司持续监控和评价客户的体验。例如，公司可以根据网站客户对公司服务作出的评级打分来进行跨部门的监督调查，可以对店里的消费者进行焦点团体访谈，及时给新客户寄出感谢函，并且在新客户初次购买一个月之后打电话询问产品的使用和服务情况。

(4)经常对客户进行后续联系会使客户厌烦吗?

肯定会。虽然系统性的后续工作很重要，但是你一定要保证每次联系都能给客户带来附加价值，要让客户感到你非常重视他们给你的时间。例如，假设你是一名汽车销售人员，要给一位新客户寄感谢函，那么你可以随信寄上一篇关于安全行驶的文章，并注明：“您也许会对这篇文章感兴趣。”或者你也可以随信送上一张洗车优惠券或者一份汽车保养说明等。你这样做的目的是要让客户很高兴自己花时间接了你的电话或看了你的信。

(5)在与公司的关系中,客户最重视什么?

客户最重视可靠性,也就是你要如实兑现你的承诺。他们还重视你的迅速反应——你要愿意为客户提供帮助和快速的服务。不过现在的新科技已经改变了客户对迅速反应的判断标准,所以公司必须不断了解客户的标准,并且努力超过他们的标准。例如,如果你所在的行业内的标准发货时间是 10 天,那么你应该考虑 7 天的发货时间是否能提高客户的忠诚度。

不过,也不用试图在任何方面都表现出无可匹敌的迅速反应,你只要专注于客户最重视的方面就可以了。例如,假设你经营的是道路救援公司,那么客户最关心的是拨打求助电话后多长时间你们的拖车能够赶到,而可能并不太关心你是否能在 24 小时之内寄出相关收据文件。所以你需要判断业务中最需要迅速反应的部分,并且集中精力改善这些方面的服务。

3. 留住最好客户的五个关键……

吉姆·比林顿

Jim Billington

3. 留住最好客户的五个关键

吉姆·比林顿

商业中最有价值的资产是什么？在过去的三四年间，有些公司开始认识到最宝贵的资产也许并不是员工、品牌、设备或收支表里的其他项目，而是忠诚的客户。这种认识部分反映了在很多行业——尤其是制造业——里越来越难获得新客户的情况。但同时，这种认识也来自众多学者、顾问和从业者的工作，他们的研究和实践不断表明，虽然公司的忠诚客户可能所占比例不高，但却创造了大部分的利润。

因此，留住最好客户并激发他们购买更多产品的方法技巧就成为现在的热门话题。因为人们认识到这项工作在很多领域都变得越来越艰巨，所以对它也产生了越发浓厚的兴趣和热情。客户——包括忠诚客户——都在不断提出更多要求：更高的质量伴随更低的价格，几年前大家认为不可思议的服务水平。而且，现在即使表示满意的客户也并不一定保持行为的忠诚。咨询顾问弗雷德里克·赖克赫尔德（Frederick

Reichheld)进行的一项跨行业调查发现，有65%至85%选择了新供货商的客户表示他们对原来的供货商感到满意或非常满意。所以，很显然你今天要做到的是让客户感到完完全全地满意。虽然任务艰巨，但回报也极其丰厚。在20世纪80年代末期，一些公司最初开始提升客户满意度和忠诚度的工作，此后，施乐公司公开了他们的发现结果：与略微满意的客户相比，感到完全满意的客户再次购买施乐产品的概率要高六倍。

查阅有关文献和咨询相关专家之后，我们发现在留住客户的工作中，有五个关键主题贯穿始终，还有一个起着决定性作用的基本原则：所有的权威人士都强调，留住客户的一个关键就是了解。说得更加准确或合乎潮流一些，我们需要持续地了解——不断了解客户本身而不是整个市场，了解客户的具体需要而不是普遍趋势。专家说，持续更新的学习了解能够让你适应满足客户不断产生的新需求和新愿望。你可以利用以下五个关键点开始踏上这条了解之路。

确定关键客户

如果你无法把带来最多利润的客户与其他客户区分开，那么你最终可能就是在努力把自己的产品或服务变成一位市场营销经理所说的“保时捷运货卡车”——因为想满足所有客户，所以最终无法满足任何人的需求。

假如你从事的是零售行业，那么你就特别容易以同样的方式对待所有客户，因为传统的零售业都是单笔交易，很难判断单个客户带来的总体利润。世界上最大的零售企业之一，代顿－哈德森公司(Dayton-Hudson)，在20世纪80年代晚期发现自己的客户在流失，因为折扣销售和主题零售店正在蚕食这些客户。而当公司开始追踪统计其四百万客户的信息和消费习惯后，却惊讶地发现其中2.5％的客户却创造了其总体利润的33％。但是在此之前，代顿－哈德森公司对待这些客户与其他客户却毫无区别，他们一直关注的只是独立的单笔交易，而没有努力保持与关键客户的长期关系。

赖克赫尔德认为，通过回答以下三个相互交叉的问题，我们就可以找出关键客户：

1. 哪些客户带来最多利润而且最忠诚？

2. 哪些客户最重视你提供的产品或服务？

3. 你的哪些客户对你的意义比他们对你竞争对手的意义更重要？

赖克赫尔德在自己的著作《忠诚法则》(*The Loyalty Effect*)中提供了几种分析工具，帮助我们评价统计公司与客户组关系的整个生命周期中每个客户组创造的价值。他单独列出了六个用以量化忠诚度价值的要素：赢得某位客户所需投入的成本、期待这位客户带来的基本利润、预计这位客户创造的收益增长、为这位客户提供服务可能节约的成本、他可能介绍的新客户、一流的关系可能让你收取的额外费用。

赖克赫尔德提醒我们：因为财会统计系统一般只记录业务而不统计关系，所以你不要期待不做任何工作就能拥有上述统计数字。实际上，你需要经过详细认真的分析才能得到这些数字。例如，你怎样统计客户介绍业务的价值？这个问题虽然很难回答，但是却值得我们仔细研究，因为这个分析不仅能够帮助你找出关键客户，而且还可以让你了解业内产生利润的主要驱动因素。例如，在汽车服务业里，客户介绍非常关键，而在批发销售行业里，压缩开支的能力能带来长期的赢利。

很明显，计算某位客户与你公司整个交易期间创造的利润能够凸显与关键客户建立长期关系的回报。赖克赫尔德发现，在某些行业里，客户保留率提高5%，就能带来50%的利润增长。

拥有了上述分析数据后，你就可以选择你希望重点保留的客户了。有些专家建议，在挑选关键客户时，你应该不只考虑能够量化的利润收益。《客户亲密度——选择搭档，形成文化，共同胜利》(*Customer In-*

timacy: Pick Your Partners, Shape Your Culture, Win Together)的作者弗雷德·维尔瑟玛(Fred Wiersema)强调了你和客户对未来愿景的看法和文化相容性也很重要。咨询顾问维尔瑟玛举了卡利博物流公司(Caliber Logistics)的例子,这是一家领先的道路物流服务公司,它仔细选择的客户需要满足下列条件:重视节约成本,具有企业共同文化,并且愿意分担风险。

明确并重视关键客户并不意味着可以完全忽略其他客户,也不意味着你的业务就永远限于那一部分客户。代顿—哈德森公司经过调查之后开始努力培养关键客户的忠诚度,同时也教育员工认识到长期关系的重要价值,而这样做的一个结果就是吸引了更多关键客户。

统计真正重要的数据

专家一致认为客户忠诚度的一个关键判断标准就是客户是否决定再次购买。不幸的是,统计数据表明,客户满意度和市场份额往往与再次购买行为之间没有紧密的联系。而且,这些数据事实上有时候会给公司造成一种错误的安全感,反而起到误导的作用。

标准的客户满意度数据至少存在三个问题。第一,这些数据只能反映过去的情况,而无法表现客户不断变化的需求。第二,客户满意度并不能真正预测客户是否会决定再次购买,除非客户表示绝对完全满意,否则你就无法判断客户的忠诚度。第三,客户满意度数据将客户作为一个整体而不是个人进行统计。《规模定制》(*Mass Customization*)的作者约瑟夫·派因(Joseph Pine)说:"衡量客户满意度的一般方法实际上衡量的是市场满意度。你所做的是收集个人客户的数据,然后整合为一个数字。即使是区分不同客户组的数据,这样的平均数也无法帮助你了解单独的个人客户。"

另一个可能误导我们的数据是对客户投诉的不完全统计。迈克尔·W.洛温斯坦(Michael W. Lowenstein)在其著作《保留客户——留住最佳客户的综合方法》(*Customer Retention: An Integrated Approach for Keeping Your Best Customers*)中描述了"投诉冰山"的现象:如果你只注意正式的投诉,那么你只看到了冰山的一角,而忽略了大量没有被正式表达的不满。而真正撞沉大船的却是冰山藏在水下的部分。专家发现,即使是大家最喜欢用来衡量竞争成功与否的市场份额也无法告诉你客户保留率的情况。此外,这个数据也不能让你知道,提高客户满意度后,你的业务量将能增加多少。

为获取这些信息并准确预测客户再次购买的行为,你需要统计派因所说的"客户份额"和"客户牺牲度”。客户份额指的是你在一位客户的所有业务中所占的比例。你的客户份额越高，这位客户对你投入的忠诚度就越高，你的竞争对手就越难把这位客户夺走。

在美国长期占据领先地位的农业种子供应商先锋国际种子公司（Pioneer Hi-Bred International）的经验说明了利用客户份额分析结果的作用。这家公司以前在传统上一直依靠雇用农民向其他农民出售种子，但是从来没有系统地向其业务代表统计客户信息。然而，经过统计分析之后，公司发现他们的客户份额相对较低，于是决定凭借其在种子交易中赢得的较高忠诚度向农民出售其他服务，包括通过一个叫做 Farmdayta 的系统为客户提供卫星检测服务和气象信息等，以此提高其客户份额。就这样，通过将关注焦点由市场份额转向客户份额，先锋国际种子公司重新定位销售领域，不再根据地理分布而是根据与客户的关系重新安排了自己的业务。

客户牺牲度指的是客户为了与你建立业务关系愿意放弃多少，也就是客户的理想值和你目前能提供的产品或服务之间的差距。派因说：“判断客户牺牲度，你需要明确知道目前你能提供什么，然后了解客户真正希望达到的目标，再通过比较得出两者之间的差距，努力提高你自己的能力，以求渐渐缩小这个差距。你不可能一下子就弄明白客户的所有期望，但是如果你能了解客户作出的牺牲，并且努力消除这样的牺牲，你就能赢得客户的忠诚了。”

洛温斯坦建议转移对量化统计的重视，而是强调需要与客户实际接触，也就是要愿意倾听客户的意见，这样才能真正了解客户牺牲度。以持续改善原则为基础（这个原则在制造业中发挥了重要作用），他建立了“客户之声”的四步方法系统。他的“客户之声方法”旨在使倾听客户意见成为企业文化的一个内在组成部分。一方面注意改善征求客户意见的方法技巧，另一方面将客户信息传递给公司里能最有效利用这些信息并加以改进的人员。

分析客户流失率

一旦你确定了希望留住哪些客户，就要特别注意流失的关键客户，也就是转向其他竞争对手的客户。很多公司经常忽略这一步，他们的市场营销总是关注好的机会，而不注意明显的失败。可是实际上，我们能够从流失的客户身上得到重要的教训，也包括怎样重新赢回他们。

为了达到这个目的，赖克赫尔德建议成立“失败分析小组”，由高级管理人员担任组长，每名组员负责访问 10 位至 25 位流失的客户。失败分析小组应该采用经典的“五个为什么”系列问题来挖掘客户流失的根本原因：提问："您为什么不再购买我们的产品？"回答："从你们的竞争对手那里购买更合算。"提问："为什么从他们那里购买更合算？"这样问下去，对最后一个"为什么"的回答可能会与第一个"为什么"引出的回答相差甚远，而且更有启发意义。当最初被问及原因时，客户一般都会把价格作为解释，但其实价格往往只是其他不满借口的代表而已。

进行失败分析可能会带来非常重大的收获。哈佛商学院的教授托马斯·琼斯(Thomas Jones)和厄尔·萨瑟(Earl Sasser)在文章"为什么满意的客户还会流失"(Why Satisfied Customers Defect)中谈到，一家公司通过联系流失的客户并倾听他们的意见，最终重新赢回了其中30%的客户。

规 模 定 制

约瑟夫·派因创造这个词是为了说明，即使大规模产品的生产者或大规模服务的提供者也在努力通过为客户提供个性定制的服务来赢得客户的忠诚。李维斯牛仔裤公司(Levi - Strauss)的女士"个人牛仔裤"就是这种做法的一个早期范例。传统牛仔裤的尺寸只有腰围和裤长这两个标准，但是"个人牛仔裤"增加了臀围和裤型两个标准。此外，派因还举了安德森视窗软件公司(Andersen Windows)的例子,这家公司提供一种名叫“知识之窗”的设计工具软件,使得终极用户——家庭使用者——可以和分销商协调配置,设计属于他们自己的个性视窗。

赖克赫尔德则讲述了州立农业保险公司(State Farm Insurance)在安德鲁飓风后对客户所做的善后工作。飓风过后,佛罗里达的很多房子因为建筑方法不符合标准,结果都倒塌了。这些家庭投保的多数保险公司赔付了保险金,然后就取消了保单。可是与他们相反,州立农业保险公司不仅为客户赔付保险金并更新保单,而且还出钱资助这些家庭重建合乎标准的房子。州立农业保险公司在美国的业务覆盖率达到了1/5的高比例,而这种个性化的服务可能就是他们取胜的原因之一。

个性定制可以成为公司的业务系统的一部分,而且在很多情况下也必须如此。维尔瑟玛提供了汽车地带公司(AutoZone)的例子,它是美国增长速度最快的零售公司之一,它的1 200余家门店为客户提供汽车检修、汽车零件和维修建议,每家门店都针对所在市场区域内的主体车型专门配备系列零件。此外,任何一家门店的任何员工都可以随时查询任何一位客户的维修或销售历史记录。这样,公司利用库存清单管理来满足大量不同的客户需求,同时加强针对具体需求提供个性服务的能力。

满足潜在的客户需求

现在，几乎每次销售会议上，人们都在大叫着要突破最低客户满意度，培养客户忠诚度。发言的人都激动地探讨着顶尖服务范例的成功秘诀：为什么里茨·卡尔顿公司（Ritz Carlton）可以通过一次访问就知道客户喜欢哪种饼干呢？还有些人则激励大家把客户变成“痴迷狂热的爱好者”。可是在所有这些热潮之下只有一条真理：客户的要求比以往任何时候都要高。现在，面对着众多选择，客户的要求越来越具体，越来越特别。

康明斯发动机公司（Cummins Engine）负责分销和客户服务的副总裁嘉夫·明奇（Guff Muench）对这种新现状进行了总结：“很多工业企业成功的基础一直是客户关系。可是在这个年代，客户的期望值不断提高，他们的满意度也不一定就会转变为忠诚度。你尽全力满足客户表达出来的需求，但是仍然可能失去客户。所以你必须学会判断并满足潜在的客户需求，超出他们的期望。这样做的基础是对客户关系关键点的理解，而不一定需要大规模的投入改变。假如你所在的行业人员全都举止粗鲁，那么一点点礼貌就能使你脱颖而出。”

虽然技术投入能够大大提高这方面工作的效率，但也可能成为阻碍人与人直接沟通的障碍，而所有的专家都认为直接交流是至关重要的。真正长期的关系是建立在人与人之间，而不是建立在数据库上。

只有通过长期的积累和培养维尔瑟玛建议的“与客户的亲密关系”，我们才能了解客户潜在的需求。如果这种亲密关系能够得到有效巩固，它就能渐渐淡化传统上客户和商家之间的分隔线，同时缓和双方尖锐的利益冲突，并减弱像“买家要小心”这样的代表客户反感心理的话。明智的供应商知道，他自己的成功必须建立在客户的满意、成功、甚至幸福上。

参考阅读

Customer Intimacy: Pick Your Partners, Shape Your Culture, Win Together by Fred Wiersema (1996, Knowledge Exchange)

Customer Retention: An Integrated Approach for Keeping Your Best Customers by Michael W. Lowenstein (1995, ASQC Quality Press)

The Loyalty Effect: The Hidden Force Behind Growth, Profits, and Lasting Value by Frederick Reichheld (1996,

HBS Press)

The Customer Loyalty Video Series, From Harvard Business School Publishing (1995)

Mass Customization, by Joseph Pine (1993, HBS Press)

4. 客户关系管理速成班 ……

4. 客户关系管理速成班

“客户关系管理是一对一的服务”。现在越来越多的市场营销专家都在倡导了解每位客户，并根据他们的具体需求提供个性化定制产品或服务。这种方法一般被称为客户核心营销(customer-focused marketing)。这仅仅是一阵热潮吗？荷兰天然气与电力供应公司(N. V. Nutsbedrijf Westland)的经验表明，客户关系管理绝不仅仅是时尚潮流而已。

在一般人看来，天然气就是天然气——当客户需要某种商品时，他们要的基本上都是同一种东西。所以商品供应商们往往通过压低价格来竞争，并且因此使赢利受损。但是根据作家和咨询顾问唐·佩珀斯(Don Peppers)的介绍：荷兰天然气与电力供应公司分析了他们的客户基础，发现很多客户都是暖房经营者。于是公司对这些客户说：“告诉我们你需要的温度、湿度和二氧化碳浓度，只要你购买我们的天然气用于你的暖房经营，我们就可以提供你需要的整体暖房环境。”

在众多用于描述这些客户核心方法的名字中，客户关系管理（CRM）很可能是使用最广泛的一个。虽然有很多虚浮夸张的说法围绕着它，但客户关系管理确实代表了对过去市场营销策略的一个突破。

工业革命带来了工厂生产和运输方面的进步，从而创造了规模经济。以产品为核心的市场营销策略适用于这样的规模经济，帮助大公司把规模生产的产品和服务出售给更大数量的客户。但是，随着时间的推移，很多行业中各竞争企业提供的产品和服务越来越相似。因为公司出售的是规模生产的产品和服务，很难使自己的产品和竞争对手的有所不同，所以特别容易在低价竞争中遭受损失。

但是，随着低成本高效率的计算机技术的发展，情况开始发生变化了。现在的公司可以用比以前更经济便捷的方式与客户沟通，能够更多地了解客户的信息和需求。通过分析这些数据，市场营销人员不仅认识到有些客户能比其他客户创造更多价值，而且也发现最忠诚的客户会带来超过其人数比例很多倍的利润。同时，营销人员也开始了解怎样改进设计产品以更好适应客户的需求和愿望，尤其是满足那些创造利润最多的客户群体的需求。

你更喜欢哪个说法？

“客户关系管理”（CRM）可能是最常用来描述

从产品核心市场营销向客户核心方法转变的词。但是作家和咨询顾问唐·佩珀斯说,这种说法的一个缺陷在于"它本来是一个计算机术语",指的是一种软件,因此经常会被理解为一个单纯的技术系统。佩珀斯认为,真正的客户关系管理是一种商业管理系统方法:"要正确执行它,你需要整合前方和后方各部门的功能。"

佩珀斯和同事马莎·罗杰斯(Martha Rogers)推行了另一个说法"一对一营销",但是其他专家认为这种说法也有缺陷。哈佛商学院的詹姆斯·L.赫斯克特(James L. Heskett)认为"很多公司虽然宣称他们采用的是一对一营销,但实际上他们只是在替客户决定什么是最好的"。赫斯克特更喜欢"许可式营销"(permission marketing),这是由雅虎前任市场营销副总裁以及 Yoyodyne 的创始人塞思·戈丁(Seth Godin)最初提出的,因为他认为这个说法能够"表明客户和供应商之间存在着一种合作关系"。戈丁这样描述其中的区别:"从陌生人到朋友、到忠诚客户、再到曾经的客户,这是一个连续的过程。一对一营销的焦点是将客户变为忠诚客户,并防止客户流失之后成为曾经的客户。而许可式营销背后的基础概念是:这个连续发展的过程在客户花钱购买之前就开始了。如果不投入时间去与陌生人交流、赢得他们的信任并进行双方互利的对话,而只是像纳粹独裁那样要求陌生人变成你的客户,这是极其愚蠢的行为。”

还有许多其他专家也纷纷为这个现象赋予不同的名称：客户亲密关系(customer intimacy)(弗雷德·维尔瑟玛)、实时营销(real-time marketing)[里吉斯·麦克纳(Regis McKenna)]、持续关系管理(continuous relationship management)(麦肯锡公司)、技术辅助式营销(technology-enabled marketing)(高德纳咨询公司)，还有企业关系管理(enterprise relationship management)。佩珀斯承认，从某种程度上来说，所有这些名词都代表了“各家咨询顾问的自创品牌”。

客户关系管理的基本要点

我们可以把客户关系管理的基本要点归纳为四步过程。第一步，明确找出客户。第二步，根据客户对你公司的需求和价值将他们加以区分。第三步，与客户交流，旨在提高成本效率和交流的有效性。正如佩珀斯和玛莎·罗杰斯(Martha Rogers)在他们的著作《一对一营销经理》(*The One to One Manager*)中讲到的，通过与客户交流获得的信息应该“能够帮助你巩固加深与客户之间的关系”。

最后的第四步：将提供给客户的产品或服务的某些方面进行个性化定制改进。你应该根据从交流中了解的信息为客户提供不同的产品和服务，这种做法能够帮你建立佩珀斯和罗杰斯所说的"了解型关系(learning relationship)"。新产品和服务是否能更好地满足客户的需求？客户还希望进行哪些改变？你从这些交流中获得的了解又成为下次改进产品和服务的根据。就这样，随着时间的积累，留住这位客户的成本和难度会渐渐降低，你的产品和服务会越来越好地满足他的需求，客户也会因为从你提供的服务中获得更多的价值而对你有所回报。

时间的积累。这就是客户关系管理和传统营销方法之间的区别所在。佩珀斯认为，传统的以产品为中心的市场营销是一场"零积累的比赛。客户和营销人员是对手。作为营销人员，我努力促成当下能创造最多利润的交易。我考虑的只是目前的这笔交易，而不会想到未来的关系"。

与此相反，客户关系管理认为长期留住客户才是赢利之路。《许可式营销》(*Permission Marketing*)的作者塞思·戈丁也是 Yoyodyne 的创始人，这个网站开创了网上促销和直接邮寄广告的新模式，戈丁说："你不是为现有产品寻找新客户，而是要为现有的客户提供新产品。"

他还说："一旦你开始这样做，你的公司就会发生彻底的改变。"因为客户关系管理的营销方法从根本上与以往的方法不同,因此操作人员设定了不同的效果衡量数据来判断工作的成功与否。不过佩珀斯说,这其中的不同还不只限于统计数据。客户关系管理不仅要求新的思维方法——你要把客户看成合作伙伴,而你的任务是帮助他们解决某些问题,而且也要求公司各部门之间具有比传统规模营销要求得更紧密的团结协作。如果希望获得客户关系管理的成功,生产、信息技术和渠道管理等各部门都需要成为团结的整体。简而言之,实行客户关系管理就意味着企业整体竞争策略的彻底改变。

客户关系管理测量数据

客户的终身价值。

有些客户对你公司的价值要大于其他客户,而客户终身价值的统计数据就能帮助你判断他们的价值到底有多大。基本统计方法:用预计一位客户将要与你公司进行交易的次数乘以每次交易的平均业务量,再减去你用来赢得和保持这位客户所需花费的成本,加上客户对你表示许诺的未来业务量,再根据目前分析阶段的情况进行适当折扣。[具体计算方法可参考哈佛商学院出版社出版的光碟《服务制胜》(*Service Success*)]基本原则:客户的价值要超过他们在任何时间段内的实际业务量,而且有些客户的价值要更大。

客户份额。

这是对实行客户关系管理的公司进行衡量的一个重要标准。它要求我们考虑除去目前估计的某位客户的终身价值以外,这位客户身上还有什么战略或潜在价值。也就是说,我们可以通过提供哪些新产品来增加客户的终身价值?计算客户份额的方法是:假设目前估计的客户终身价值是1 000美元,而预计的这位客户的潜在终身价值是10 000美元,那么你所占的客户份额就是10%。塞思·戈丁说,不幸的是,"多数公司根本就不知道客户的终身价值,也不清楚他们要花费多少成本去赢得新客户"。

客户关系管理的技术基础

其实客户关系管理的技术一直都在我们身边,但是唐·佩珀斯认为,有三种技术可以帮助公司将客户关系管理工具同时应用于上百万客户,而且经济便捷。这三种技术是:

数据库技术——不只是存储能力,而且还包括分析整理大量数据的能力。

互动交流技术——网站、电话中心和其他能够帮助企业与客户互动交流的技术。

规模定制技术，或者叫计算机标准化，能够帮助公司生成产品或服务模型或模板。例如，美国航空公司统计了两百万注册“AAdvantage”成员的个人旅行信息，并为他们提供个性化的旅行套票。

以上技术结合在一起，就可以帮助公司开展客户关系管理的主要工作了。佩珀斯解释说：“现在我知道你是谁，你需要什么。我和你交流。然后我提供规模定制的产品或服务来满足你的需求。”

客户关系管理适用于任何公司吗？

有些公司比其他公司更适合采用客户关系管理方法。最适合的是哪些公司呢？西北大学凯洛格商学院管理学研究生院的国际营销学教授菲利普·科特勒(Philip Kotler)对这个问题作出了回答：“最合适的是金融公司和远程通讯公司，因为他们在业务过程中已经积累了关于每位客户购买模式的大量数据。”而哈佛商学院的UPS基金商业物流学荣誉教授詹姆斯·L.赫斯克特则认为，客户关系管理在企业对企业的商业营销中能最快发挥作用，“主要是因为回报体现的方面包括生产率、速度、供应链整合程度、计划改善、减少库存和更高效率的物流”。

而其他行业种类的公司也许无法从客户关系管理中获益。戈丁说:“客户不与营销人员发生直接接触的行业(例如放松管制之前的公用事业公司股票)不适合采用客户关系管理方法,客户终身价值很低、客户大量变化或凭借地点取胜的行业也都不适合。”科特勒在提到金融和远程通讯企业之后说:“对于很多初次搜集大量新鲜数据向规模定制转变的公司来说,我也不太肯定客户关系管理能否使他们获益。”

戈丁得出的结论是:“有非常多的企业都不很适合使用客户关系管理,但是我不同意‘商品经济’的说法。这样的经济根本不存在。”荷兰天然气与电力供应公司已经发现了这一点,也许还有其他很多公司并不是客户关系管理的理想对象。

参考阅读

Customers. com: How to Create a Profitable Business Strategy for the Internet and Beyond by Patricia B. Seybold with Ronni T. Marshak (1998, Times Books/Random House)

The One to One Manager: Real-World Lessons in Customer Relationship Management by Don Peppers and Martha Rogers, Ph.D. (1999, Currency/Doubleday)

Permission Marketing: Turning Strangers into Friends, and Friends into Customers by Seth Godin (1999, Simon & Schuster)

The Service Profit Chain: How Leading Companies Link Profit and Growth to Loyalty, Satisfaction, and Value by James L. Heskett, W. Earl Sasser, Jr., and Leonard A. Schlesinger (1997, The Free Press)

戴维·斯托弗

David Stauffer

5. 以客户为中心的真正含义是什么——七个重要思想

戴维·斯托弗

绩效研究协会股份有限公司(Performance Research Associates Inc.)高级合伙人,达拉斯办事处负责人,奇普·R.贝尔(Chip R. Bell)说:“忠诚的客户就像足球队真正的忠实球迷,普通球迷去看每场比赛,为球队呐喊助威。可是真正的忠实球迷所做的还不止于此,他们把球队的标志画在脸上,还为了支持球队戴上傻乎乎的帽子。他们热爱这支球队。”

贝尔继续说:研究表明,当客户超出一般的忠诚度而对公司达到热爱的程度时,公司可以为服务多收取15%到20%的费用。可是仅仅做到对客户及时反应或以客户为中心还不足以让你赢得客户的热爱。你要超过这个标准,让公司的每个人——不仅仅是销售、市场和客户服务部门的人员——都时刻想着客户的需求,并赋予他们为客户解决问题的能力和工具。最重要的是，你要愿意放弃很多过去使用过的指挥支配权。你不需要成为公司里的高级重要人物，也可以利用下列范例来理解以客户为中心的真正含义。部门管理人员也会发现下列思想都是可以立刻应用到工作中的。

你要做的不只是及时处理客户的电话，而是要发现并完全解决客户的所有潜在问题

美国适马（Sigma）公司服务方案负责人，客户服务咨询顾问，格雷斯·梅杰（Grace Major）说："你要给员工他们需要的工具，并激励他们超越摆在自己面前的问题，去发现新的需求。"客户目前面对的直接问题——例如产品无法使用、收据错误等——往往只是冰山的一角。梅杰说："但是多数客服人员接受的培训就是解决摆在他们面前的问题。他们只要听到类似'坏了'这样的敏感字眼，就会立刻打断刚刚说了一半的客户。"而当我们培训客服人员耐心倾听客户的讲述并继续深入提问时，他们就能超越摆在面前的明显问题，发现客户潜在的需要。这样做的结果是：公司不用再频繁回收产品，而客户也更加满意了。

但是，如果管理人员不鼓励这种做法，客服人员

本身是不会愿意花时间去倾听客户意见的。所以，梅杰提醒我们：如果你只是根据员工处理客户电话的数量或速度来衡量他们的工作绩效，那么"你就是在鼓励他们不去发现客户潜在的问题和需要"。梅杰提倡利用"多项平衡计分卡"来评价员工的绩效，其中的记分标准包括客户保有率、每位客户的净收益和重复电话和工作率等。

不仅要保证服务支持部门将一线员工作为内部的客户，而且要保证每个员工都保持对外关注

"内部客户"的方法能够保证公司的服务支持部门用最积极的态度支持与客户直接接触的员工。但是这个方法还不能保证公司所有员工都能考虑到真实客户的需求——这需要一致对外的关注。这是什么意思呢？例如，假设你要出售一辆汽车，那么你不能仅仅考虑这辆汽车的性能（类似发动机功率这样的具体特征），而是要更多考虑它的优势（为什么这些性能很重要）和益处（这些性能可以给客户带来哪些好处），比如说，这辆车的大功率可以让客户在车辆拥挤的高速路斜坡上更快加速，从而提高汽车的安全性。

梅杰补充说，不仅一线员工需要从客户的角度而不是公司的角度来考虑问题，公司所有的员工都应该有这种外部关注角度。她说："你很可能会认为在医院停车场看车的工作人员不算是一线员工，但实际上，当坐轮椅的病人询问怎样才能到两个街区外的医院去时，看车人就是医院的一线员工。"

你不仅需要告诉员工应该怎样面对客户，而且要赋予员工满足客户需求的权利和手段

在现在这个数字化的时代，企业里层层申报批准的过程耗费太多时间。公司一线员工必须能够有权力在遇到问题当场就作出决定。在世界最大的旅行公司之一，罗森布拉斯国际公司(Rosenbluth International)，他们的执行总裁哈尔·F.罗森布拉斯(Hal F. Rosenbluth)投入巨大成本去开发新技术，其目的就是赋予一线员工充分的权利。公司的优惠价搜索系统能够跟踪搜索客户预订的飞机票，并且在出现低于预订票价的机票时立刻通知相关工作人员。结果，这家旅行社的作用就从最初的订票机构发展为一家旅游组织咨询机构。

你要做的不是按照你的想法把客户领进你们的网站或店面，以客户为中心意味着要让客户按照自己的意愿去利用你提供的场所

"黏着力"是一个备受称赞的特点，它的意思是你的店面或网站能够让客户流连忘返，从而更可能购买你的产品，并且成为常客。但是《华尔街日报》电子商务专栏作家托马斯·E. 韦伯(Thomas E. Weber)认为，"黏着力"是从公司角度出发的考虑方式，而不是以客户为中心的概念。"这个概念是通过引导客户来把客户领进你的公司，而不是考虑为客户提供他们所需的。"

咨询公司帕特里夏·西博尔德集团(Patricia Seybold Group)的执行总裁帕特里夏·B. 西博尔德(Patricia B. Seybold)认为：这样的区别非常微妙，"但是却至关重要。有些事情是客户自己愿意做的，而有些是你希望他们做的"。公司希望客户把自己的投资表保存在公司的网站上，为新电脑购买数码相机，或者登记成为基础客户服务成员。但是客户却希望公司为他们增加投资收益，帮助他们在周末以前买到数码相机，或让新打印机可以与旧电脑连接使用。西博尔德说，公司应该首先满足客户的需求，因为现在的客户比以往更

容易转向你的竞争对手。

你不仅要提供客户现在想要的，而且要提供他们将来会需要的

在过去，公司只要通过对焦点团体的调查研究和市场测试了解客户的偏好取向，然后在下一季提供改良了的新产品，就足以进行有力的竞争了。可是在今天这个竞争格外激烈的市场环境中，这种做法不再那么有效了。苹果公司前任执行官盖伊·川崎（Guy Kawasaki）在《哈佛商业评论》中写道："你问客户他们需要什么，得到的回答只会是跟随行业领先企业的类似产品。"

今天，我们面临的紧迫任务是在客户自己还没认识到之前就先发现他们未来的需求。西班牙时尚服装零售商英迪戴克公司（Inditex）就擅长这种魔术。这家公司的服装设计顾问们四处观察目标客户——时尚年轻人，并且在年轻人还没意识到自己创造了某种时尚之前就先抓住这个发展趋势。然后这些顾问把他们的发现结果传递给英迪戴克的设计师和生产管理人员——供应链中的关键环节，仅仅四周之后，他们就把新款服装送到商店里出售了。

新公司、老公司都以客户为中心

帕特里夏·B. 西博尔德在《客户革命》(*The Customer Revolution*)中写道:无论是历史悠久的公司还是蓬勃新兴的公司,都应该成为以客户为中心的企业。1939 年成立的惠普公司(Hewlett-Packard)将企业重组为两个"面对客户组"和三个"产品生成组",然后让具有"完全客户经验"的顶级管理人员负责领导客户服务和生产经营等各方面业务。同时,公司实行多渠道策略,允许客户自由地选择转换网络、电话和其他购买渠道。公司还重新制定了管理人员的奖金制度,使其能够反映出各部门的客户体验得分。

同样,1993 年成立的天霸 2 设计公司(Timbuk2 Design)专门设计具有个性的邮差包、运动包和其他背包。其旧金山公司副总裁乔丹·莱斯(Jordan Reiss)说:"我们改变了公司的权力平衡,以前我们是把产品推向客户,而现在是让客户找出他们想要的产品。"客户决定了公司的方向。"也就是说,我们所有的业务流程——不仅仅是生产过程——都要服从我们的(规模定制)模式,也就是把客户的选择一路往回传送到纺织厂去。"

不是由你管理公司为客户服务，而是让客户决定你管理公司的方式

在当前的时代，客户几乎面对着无穷无尽的选择，所以如果你们公司的客户接待人员不得不对客户说："这是另一个部门负责的业务，请稍等，我为您转过去。"那么你的公司就有麻烦了。网络策略专家戴维·西格尔（David Siegel）在解释这个问题时，以《快速公司》杂志上的一篇专访为例："如果你真正关心客户……你就必须围绕客户重新组织你的整个公司。汽车公司应该建立长期往返两地客户分部、家庭客户分部、跑车热爱者分部……当然，你仍然需要工程设计和人力资源这样的部门，但是客户分部应该是掌控全局的部门，他们应该有能力与任何一个部门合作来满足客户的所有需求。"也就是说，以客户为中心的部门能帮助你打破狭隘的视角，例如，防止工程设计部门擅自作出决策而不考虑客户的需求。

以客户为中心不仅是通过老客户的介绍赢得新客户，还应该让客户说：你的公司应该提高价格了

绩效研究协会公司的贝尔（Bell）总结：集中精力赢得客户的热爱，“他们就会用忠诚、宣传和资金来热情地回报你”。

参考阅读

The Customer Comes Second（*and Other Secrets of Exceptional Service*）by Hal F. Rosenbluth and Diane McFerrin Peters（1994，Quill）

Customer Love: Attracting and Keeping Customers for Life by Chip R. Bell（2000，Executive Excellence Publishing）

The Customer Revolution: How to Survive When Customers Are in Control by Patricia B. Seybold（2001，Crown Business）

作者简介 ……

作 者 简 介

克里斯滕·B. 多纳休(Kristen B. Donahue)　《哈佛管理前沿》(*Harvard Management Update*)杂志撰稿人。

杰拉尔德·博斯特尔(Gerald Berstell)　芝加哥的一名革新顾问,建立了客户案例研究(CCR)方法系统。

丹尼丝·尼特豪斯(Denise Nitterhouse)　芝加哥德保尔大学(DePaul University)责任与管理信息系统学院的一名助理教授。

劳伦·凯勒·约翰逊(Lauren Keller Johnson)　《哈佛管理前沿》杂志撰稿人。

吉姆·比林顿(Jim Billington)　《哈佛管理前沿》杂志撰稿人。

詹姆斯·艾伦(James Allen)　贝恩公司伦敦合伙人,公司全球战略实施负责人之一。著有《核心赢利——动荡新时期里的增长战略》(*Profit From the Core: Growth Strategy in a New Era of Turbulence*, HBS Press, 2001)。

弗雷德里克·F.赖克哈尔德(Frederick F. Reichheld) 曾任贝恩公司波士顿分部主管,著有《终极问题》(*The Ultimate Question*,HBS Press, 2006)。

巴尼·汉密尔顿(Barney Hamilton) 贝恩公司伦敦合伙人,主管公司在英国的远程交流、客户商品和零售业务。

克里斯滕·D.桑德伯格(Kirsten D. Sandberg) 哈佛商学院出版社执行主编。

琼·艾尔斯(Jean Ayers) 《哈佛管理前沿》杂志撰稿人。

道格拉斯·史密斯(Douglas Smith) 《哈佛管理前沿》杂志撰稿人。

理查德·比尔克(Richard Bierck) 财经作家,自由撰稿人。现居住新泽西州普林斯顿。

弗朗西丝·弗赖(Frances Frei)　哈佛商学院技术经营管理系副教授。

尤塔·沃纳(Uta Werner)　国际战略咨询公司,马拉康顾问公司纽约分部合伙人。

戴维·斯托弗(David Stauffer)　著有《从恐龙到能人——20家知名公司在新经济中取胜的诀窍》[*D2D* (*Dynosaur to Dynamo*): *How 20 Established Companies Are Winning in the New Economy*, Wiley, 2001]。